AF477262

Félix Lope de Vega y Carpio

Peribáñez y el comendador de Ocaña

Barcelona **2024**
Linkgua-ediciones.com

Créditos

Título original: Peribáñez y el comendador de Ocaña

© 2024, Red ediciones S.L.

e-mail: info@linkgua.com

Diseño de cubierta: Michel Mallard.

ISBN tapa dura: 978-84-1126-281-1.
ISBN rústica: 978-84-96428-14-0.
ISBN ebook: 978-84-9897-742-4.

Sumario

Brevísima presentación

La vida

Félix Lope de Vega y Carpio (Madrid, 1562-Madrid, 1635). España.

Nació en una familia modesta, estudió con los jesuitas y no terminó la universidad en Alcalá de Henares, parece que por asuntos amorosos. Tras su ruptura con Elena Osorio (Filis en sus poemas), su gran amor de juventud, Lope escribió libelos contra la familia de ésta. Por ello fue procesado y desterrado en 1588, año en que se casó con Isabel de Urbina.

Lope de Vega pasó los dos primeros años en Valencia, y luego en Alba de Tormes, al servicio del duque de Alba. En 1594, tras fallecer su esposa y su hija, fue perdonado y volvió a Madrid. Allí tuvo una relación amorosa con la actriz Micaela Luján (Camila Lucinda) con la que tuvo mucha descendencia, hecho que no impidió su segundo matrimonio, con Juana Guardo, del que nacieron otros dos hijos.

Por entonces era uno de los autores más populares y aclamados de la Corte. En 1605 entró al servicio del duque de Sessa como secretario, aunque también actuó como intermediario amoroso de éste. La desgracia marcó sus últimos años: Marta de Nevares una de sus últimas amantes quedó ciega en 1625, perdió la razón y murió en 1632. También murió su hijo Lope Félix. La soledad, el sufrimiento, la enfermedad, o los problemas económicos no le impidieron escribir.

Esta obra relata la historia de Peribáñez, un labriego que mata a un Comendador para preservar el honor de Casilda, su esposa.

Finalmente Peribáñez es perdonado por los reyes. El texto refleja un conflicto propio del medioevo, la tensión entre la justicia privada (justificada en el concepto de «honor») y la justicia pública practicada por los monarcas y sus funcionarios.

Personajes

Acompañamiento
Antón
Bartolo, labrador
Belardo
Benito
Blas
Casilda, desposada
Costanza, labradora
Chaparro
Dos regidores de Toledo
El Comendador
El Condestable
El rey Enrique
Gil
Gómez Manrique
Helipe
Inés, madrina
La reina
Labradores
Leonardo, criado
Los músicos, de villanos
Luján, lacayo
Llorente
Marín, lacayo
Mendo
Peribáñez, novio
Segadores
Un criado
Un cura, a lo gracioso
Un paje
Un pintor
Un secretario

Jornada primera

(Boda de villanos. El cura; Inés, madrina; Costanza, labradora; Casilda, novia;
Peribáñez; músicos, de labradores.)

Inés   Largos años os gocéis.

Costanza   Si son como yo deseo,
casi inmortales seréis.

Casilda   Por el de serviros, creo
que merezco que me honréis.

Cura   Aunque no parecen mal,
son excusadas razones
para cumplimiento igual,
ni puede haber bendiciones
que igualen con el misal.
Hartas os dije; no queda
cosa que deciros pueda
el más deudo, el más amigo.

Inés   Señor doctor, yo no digo
más de que bien les succda.

Cura   Espérolo en Dios, que ayuda
a la gente virtuosa.
Mi sobrina es muy sesuda.

Peribáñez   Solo con no ser celosa
saca este pleito de duda

Casilda   No me deis vos ocasión,
que en mi vida tendré celos.

Peribáñez   Por mí no sabréis qué son.

Inés   Dicen que al amor los cielos
                 le dieron esta pensión.

Cura   Sentaos, y alegrad el día
                 en que sois uno los dos.

Peribáñez   Yo tengo harta alegría
                 en ver que me ha dado Dios
                 tan hermosa compañía.

Cura   Bien es que a Dios se atribuya,
                 que en el reino de Toledo
                 no hay cara como la suya.

Casilda   Si con amor pagar puedo,
                 esposo, la afición tuya,
                   de lo que debiendo quedas
                 me estás en obligación.

Peribáñez   Casilda, mientras no puedas
                 excederme en afición,
                 no con palabras me excedas.
                   Toda esta villa de Ocaña
                 poner quisiera a tus pies,
                 y aun todo aquello que baña
                 Tajo hasta ser portugués,
                 entrando en el mar de España.
                   El olivar más cargado
                 de aceitunas me parece
                 menos hermoso, y el prado
                 que por el mayo florece,

solo del alba pisado.
    No hay camuesa que se afeite
que no te rinda ventaja,
ni rubio y dorado aceite
conservado en la tinaja,
que me cause más deleite.
    Ni el vino blanco imagino
de cuarenta años tan fino
como tu boca olorosa,
que como al señor la rosa
le güele al villano el vino.
    Cepas que en diciembre arranco
y en octubre dulce mosto,
ni mayo de lluvias franco,
ni por los fines de agosto
la parva de trigo blanco,
    igualan a ver presente
en mi casa un bien, que ha sido
prevención más excelente
para el invierno aterido
y para el verano ardiente.
    Contigo, Casilda, tengo
cuanto puedo desear,
y solo el pecho prevengo;
en él te he dado lugar,
ya que a merecerte vengo.
    Vive en él; que si un villano
por la paz del alma es Rey,
que tú eres reina está llano,
ya porque es divina ley,
y ya por derecho humano.
    Reina, pues, que tan dichosa
te hará el cielo, dulce esposa,
que te diga quien te vea:

la ventura de la fea
pasóse a Casilda hermosa.

Casilda   Pues yo ¿cómo te diré
lo menos que miro en ti,
que lo más del alma fue?
Jamás en el baile oí
son que me bullese el pie,
 que tal placer me causase
cuando el tamboril sonase,
por más que el tamborilero
chíllase con el guarguero
y con el palo tocase.
 En mañana de San Juan
nunca más placer me hicieron
la verbena y arrayán,
ni los relinchos me dieron
el que tus voces me dan.
 ¿Cuál adufe bien templado,
cuál salterio te ha igualado?
¿Cuál pendón de procesión,
con sus borlas y cordón,
a tu sombrero chapado?
 No hay pies con zapatos nuevos
como agradan tus amores;
eres entre mil mancebos
hornazo en Pascua de Flores
con sus picos y sus huevos.
 Pareces en verde prado
toro bravo y rojo echado;
pareces camisa nueva,
que entre jazmines se lleva
en azafate dorado.
 Pareces cirio pascual

y mazapán de bautismo,
con capillo de cendal,
y paréceste a ti mismo,
porque no tienes igual.

Cura   Ea, bastan los amores,
que quieren estos mancebos
bailar y ofrecer.

Peribáñez   Señores,
pues no sois en amor nuevos,
perdón.

Músico   Ama hasta que adores.
(Cantan y danzan.) «Dente parabienes
el mayo garrido,
los alegres campos,
las fuentes y ríos.
Alcen las cabezas
los verdes alisos,
y con frutos nuevos
almendros floridos.
Echen las mañanas,
después del rocío,
en espadas verdes
guarnición de lirios.
Suban los ganados
por el monte mismo
que cubrió la nieve,
a pacer tomillos.»

(Folia.)   «Y a los nuevos desposados
eche Dios su bendición;
parabién les den los prados,

pues hoy para en uno son.»

(Vuelve a danzar.)   «Montañas heladas
y soberbios riscos,
antiguas encinas
y robustos pinos,
dad paso a las aguas
en arroyos limpios,
que a los valles bajan
de los hielos fríos.
Canten ruiseñores,
y con dulces silbos
sus amores cuenten
a estos verdes mirtos.
Fabriquen las aves
con nuevo artificio
para sus hijuelos
amorosos nidos.»

(Folia.)   «Y a los nuevos desposados
eche Dios su bendición;
parabien les den los prados,
pues hoy para en uno son.»

(Hacen gran ruido y entra Bartolo, labrador.)

Cura   ¿Qué es aquello?

Bartolo   ¿No lo veis
en la grita y el ruido?

Cura   ¿Mas que el novillo han traído?

Bartolo   ¿Cómo un novillo? Y aun tres.
Pero el tiznado que agora

traen del campo, ¡voto al Sol,
que tiene brío español!
No se ha encintado en una hora.
   Dos vueltas ha dado a Bras,
que ningún italiano
se ha vido andar tan liviano
por la maroma jamás.
   A la yegua de Antón Gil,
del verde recién sacada,
por la panza desgarrada
se le mira el perejil.
   No es de burlas, que a Tomás,
quitándole los calzones,
no ha quedado en opiniones,
aunque no barbe jamás.
   El nueso Comendador,
señor de Ocaña y su tierra,
bizarro a picarle cierra,
más gallardo que un azor.
   ¡Juro a mí, si no tuviera
cintero el novillo!

Cura   ¿Aquí
no podrá entrar?

Bartolo   Antes sí.

Cura   Pues, Pedro, de esa manera,
          allá me subo al terrado.

Costanza   Dígale alguna oración,
          que ya ve que no es razón
          irse, señor licenciado.

| Cura | Pues oración ¿a qué fin? |

| Costanza | ¿A qué fin? De resistillo. |

| Cura | Engáñaste, que hay novillo
que no entiende bien latín. |

(Éntrese.)

| Costanza | Al terrado va sin duda.
La grita creciendo va. |

(Voces.)

| Inés | Todas iremos allá,
que, atado, al fin, no se muda. |

| Bartolo | Es verdad, que no es posible
que más que la soga alcance. |

(Vanse.)

| Peribáñez | ¿Tú quieres que intente un lance? |

| Casilda | ¡Ay no, mi bien, que es terrible! |

| Peribáñez | Aunque más terrible sea,
de los cuernos le asiré,
y en tierra con él daré,
por que mi valor se vea. |

| Casilda | No conviene a tu decoro
el día que te has casado,
ni que un recién desposado |

se ponga en cuernos de un toro.

Peribáñez

    Si refranes considero,
dos me dan gran pesadumbre;
que a la cárcel, ni aun por lumbre,
y de cuernos, ni aun tintero.
    Quiero obedecer.

(Ruido dentro.)

Casilda

              ¡Ay Dios!
¿Qué es esto?

(Dentro.)

            ¡Qué gran desdicha!

Casilda

Algún mal hizo por dicha.

Peribáñez

¿Cómo, estando aquí los dos?

(Bartolo vuelve.)

Bartolo

    ¡Oh, que nunca le trujeran,
pluguiera al cielo, del soto!
A la fe, que no se alaben
de aquesta fiesta los mozos.
¡Oh, mal hayas, el novillo!
¡Nunca en el abril llovioso
halles yerba en verde prado,
más que si fuera en agosto;
siempre te venza el contrario
cuando estuvieres celoso,
y por los bosques bramando,
halles secos los arroyos;
mueras en manos del vulgo,
a pura garrocha, en coso;

no te mate caballero
con lanza o cuchillo de oro;
mal lacayo por detrás,
con el acero mohoso,
te haga sentar por fuerza,
y manchar en sangre el polvo!

Peribáñez   Repórtate ya, si quieres,
y dinos lo que es, Bartolo;
que no maldijera más
Zamora a Bellido Dolfos.

Bartolo   El Comendador de Ocaña,
mueso señor generoso,
en un bayo que cubrían
moscas negras pecho y lomo,
mostrando por un bozal
de plata el rostro fogoso,
y lavando en blanca espuma
un tafetán verde y rojo,
pasaba la calle acaso,
y viendo correr el toro,
caló la gorra y sacó
de la capa el brazo airoso.
Vibró la vara, y las piernas
puso al bayo, que era un corzo
y al batir los acicates,
revolviendo el vulgo loco,
trabó la soga al caballo
y cayó en medio de todos.
Tan grande fue la caída,
que es el peligro forzoso.
Pero ¿qué os cuento, si aquí
le trae la gente en hombros?

(El Comendador entre algunos labradores; dos lacayos de librea, Marín y
Luján; borceguíes, capa y gorra.)

Sancho   Aquí estaba el licenciado
                   y lo podrán absolver.

Inés   Pienso que se fue a esconder.

Peribáñez   Sube, Bartolo, al terrado.

Bartolo   Voy a buscarle.

(Vase.)

Peribáñez   Camina.

Luján   Por silla vamos los dos
                   en que llevarle, si Dios
                   llevársele determina.

Marín   Vamos, Luján, que sospecho
                   que es muerto el Comendador.

Luján   El corazón de temor
                   me va saltando en el pecho.

(Vanse.)

Casilda   Id vos, porque me parece,
                   Pedro, que algo vuelve en sí,
                   y traed agua.

Peribáñez   Si aquí

el Comendador muriese,
no vivo más en Ocaña.
¡Maldita la fiesta sea!

(Vanse todos. Quedan Casilda y el Comendador en una silla, y ella tomándole las manos.)

Casilda

¡Oh qué mal el mal se emplea
en quien es la flor de España!
¡Ah gallardo caballero!
¡Ah valiente lidiador!
¿Sois vos quien daba temor
con ese desnudo acero
a los moros de Granada?
¿Sois vos quien tantos mató?
¡Una soga derribó
a quien no pudo su espada!
Con soga os hiere la muerte;
mas será por ser ladrón
de la gloria y opinión
de tanto capitán fuerte.
¡Ah señor Comendador!

Comendador

¿Quién llama? ¿Quién está aquí?

Casilda

¡Albricias, que habló!

Comendador

¡Ay de mí!
¿Quién eres?

Casilda

Yo soy, señor.
No os aflijáis, que no estáis
donde no os desean más bien
que vos mismo, aunque también

quejas, mi senor, tengáis
    de haber corrido aquel toro.
Haced cuenta que esta casa
aunque es vuestra hoy.

Comendador   ¡Pasa
todo el humano tesoro!
    Estuve muerto en el suelo,
y como ya lo creí,
cuando los ojos abrí,
pensé que estaba en el cielo.
    Desengañadme, por Dios,
que es justo pensar que sea
cielo donde un hombre vea
que hay ángeles como vos.

Casilda   Antes por vuestras razones
podría yo presumir
que estáis cerca de morir.

Comendador   ¿Cómo?

Casilda   Porque veis visiones.
    Y advierta vueseñoría
que, si es agradecimiento
de hallarse en el aposento
desta humilde casa mía,
    de hoy solamente lo es.

Comendador   ¿Sois la novia, por ventura?

Casilda   No por ventura, si dura
y crece este mal después,
    venido por mi ocasión.

Comendador   ¿Que vos estáis ya casada?

Casilda   Casada y bien empleada.

Comendador   Pocas hermosas lo son.

Casilda   Pues por eso he yo tenido
la ventura de la fea.

Comendador (Aparte.)   (¡Que un tosco villano sea
desta hermosura marido!)
                ¿Vuestro nombre?

Casilda   Con perdón,
Casilda, señor, me nombro.

Comendador (Aparte.)   (De ver su traje me asombro
y su rara perfección:
                diamante en plomo engastado.)
¡Dichoso el hombre mil veces
a quien tu hermosura ofreces!

Casilda   No es él el bien empleado;
   yo lo soy, Comendador;
créalo su señoría.

Comendador   Aun para ser mujer mía
tenéis, Casilda, valor.
   Dame licencia que pueda
regalarte.

(Peribáñez entre.)

Peribáñez   No parece
el licenciado. Si crece
el accidente...

Casilda   Ahí te queda,
porque ya tiene salud
don Fadrique, mi señor.

Peribáñez   Albricias te da mi amor.

Comendador   Tal ha sido la virtud
desta piedra celestial.

(Salen Marín y Luján, lacayos.)

Marín   Ya dicen que ha vuelto en sí.

Luján   Señor, la silla está aquí.

Comendador   Pues no pase del portal,
que no he menester ponerme
en ella.

Luján   ¡Gracias a Dios!

Comendador   Esto que os debo a los dos,
si con salud vengo a verme,
satisfaré de manera
que conozcáis lo que siento
vuestro buen acogimiento.

Peribáñez   Si a vuestra salud pudiera,
señor, ofrecer la mía,
no lo dudéis.

Comendador   Yo lo creo.

Luján   ¿Qué sientes?

Comendador   Un gran deseo
                  que cuando entré no tenía.

Luján   No lo entiendo.

Comendador   Importa poco.

Luján   Yo hablo de tu caída.

Comendador   En peligro está mi vida
                  por un pensamiento loco.

(Vanse; quedan Casilda y Peribáñez.)

Peribáñez   Parece que va mejor.

Casilda   Lástima, Pedro, me ha dado.

Peribáñez   Por mal agüero he tomado
                  que caiga el Comendador.
                    ¡Mal haya la fiesta, amén,
                  el novillo y quien le ató!

Casilda   No es nada, luego me habló.
                  Antes lo tengo por bien,
                    por que nos haga favor
                  si ocasión se nos ofrece.

Peribáñez   Casilda, mi amor merece

satisfacción de mi amor.
    Ya estamos en nuestra casa,
su dueño y mío has de ser;
ya sabes que la mujer
para obedecer se casa,
    que así se lo dijo Dios
en el principio del mundo;
que en eso estriba, me fundo,
la paz y el bien de los dos.
    Espero amores de ti
que has de hacer gloria mi pena.

Casilda	¿Qué ha de tener para buena una mujer?
Peribáñez	Oye.
Casilda	Di.
Peribáñez	Amar y honrar su marido

    Amar y honrar su marido
es letra de este abecé,
siendo buena por la B,
que es todo el bien que te pido.
    Haráte cuerda la C,
la D dulce, y entendida
la E, y la F en la vida
firme, fuerte y de gran fe.
    La G grave, y para honrada
la H, que con la I
te hará ilustre, si de ti
queda mi casa ilustrada.
    Limpia serás por la L,
y por la M maestra
de tus hijos, cual lo muestra

quien de sus vicios se duele.
   La N te enseña un no
a solicitudes locas,
que éste no, que aprenden pocas,
está en la N y la O.
   La P te hará pensativa,
la Q bien quista, la R
con tal razón que destierre
toda locura excesiva.
   Solicita te ha de hacer
de mi regalo la S,
la T tal que no pudiese
hallarse mejor mujer.
   La V te hará verdadera,
la X buena cristiana,
letra que en la vida humana
has de aprender la primera.
   Por la Z has de guardarte
de ser zelosa, que es cosa
que nuestra paz amorosa
puede, Casilda, quitarte.
   Aprende este canto llano,
que con aquesta cartilla,
tú serás flor de la villa,
y yo el mas noble villano.

Casilda   Estudiaré, por servirte,
las letras de ese abecé;
pero dime si podré
otro, mi Pedro, decirte,
  si no es acaso licencia.

Peribáñez   Antes yo me huelgo. Di,
que quiero aprender de ti.

Casilda   Pues escucha, y ten paciencia.
                               La primera letra es A,
                          que altanero no has de ser;
                          por la B no me has de hacer
                          burla para siempre ya.
                               La C te hará compañero
                          en mis trabajos; la D
                          dadivoso, por la fe
                          con que regalarte espero.
                               La F de fácil trato,
                          la G galán para mi,
                          la H honesto, y la I
                          sin pensamiento de ingrato.
                               Por la L liberal,
                          y por la M el mejor
                          marido que tuvo amor,
                          porque es el mayor caudal.
                               Por la N no serás
                          necio, que es fuerte castigo;
                          por la O solo conmigo
                          todas las horas tendrás.
                               Por la P me has de hacer obras
                          de padre; porque quererme
                          por la Q, será ponerme
                          en la obligación que cobras.
                               Por la R regalarme,
                          y por la S servirme,
                          por la T tenerte firme,
                          por la V verdad tratarme,
                               por la X con abiertos
                          brazos imitarla así,
(Abrázale.)   y como estamos aquí
                          estemos después de muertos.

Peribáñez   Yo me ofrezco, prenda mía,
a saber este abecé.
¿Quieres más?

Casilda   Mi bien no sé
si me atreva el primer día
a pedirte un gran favor.

Peribáñez   Mi amor se agravia de ti.

Casilda   ¿Cierto?

Peribáñez   Sí.

Casilda   Pues oye.

Peribáñez   Di
cuánto se obliga mi amor.

Casilda   El día de la Asunción
se acerca; tengo deseo
de ir a Toledo, y creo
que no es gusto, es devoción
de ver la imagen también
del Sagrario, que aquel día
sale en procesión.

Peribáñez   La mía
es tu voluntad, mi bien.
Tratemos de la partida.

Casilda   Ya por la G me pareces
galán; tus manos mil veces

beso.

Peribáñez   A tus primas convida,
                 y vaya un famoso carro.

Casilda   ¿Tanto me quieres honrar?

Peribáñez   Allá te pienso comprar.

Casilda   Dilo.

Peribáñez   ...un vestido bizarro.

(Éntranse. Sale el Comendador y Leonardo, criado.)

Comendador   Llámame, Leonardo, presto
                 a Luján.

Leonardo   Ya le avisé,
                 pero estaba descompuesto.

Comendador   Vuelve a llamarle.

Leonardo   Yo iré .

Comendador   Parte.

Leonardo (Aparte.)   (¿En qué ha de parar esto?
                 Cuando se siente mejor,
                 tiene más melancolía,
                 y se queja sin dolor.
                 Suspiros al aire envía:
                 ¡mátenme si no es amor!)

(Vase.)

Comendador
     Hermosa labradora,
más bella, más lucida
que ya del Sol vestida
la colorada aurora;
sierra de blanca nieve
que los rayos de amor vencer se atreve:
    parece que cogiste
con esas blancas manos
en los campos lozanos
que el mayo adorna y viste
cuantas flores agora
Céfiro engendra en el regazo a Flora.
    Yo vi los verdes prados
llamar tus plantas bellas
por florecer con ellas,
de su nieve pisados,
y vi de tu labranza
nacer al corazón verde esperanza.
    ¡Venturoso el villano
que tal agosto ha hecho
del trigo de tu pecho
con atrevida mano,
y que con blanca barba
verá en sus eras de tus hijos parva!
    Para tan gran tesoro
de fruto sazonado
el mismo Sol dorado
te preste el carro de oro,
o el que forman estrellas,
pues las del norte no serán tan bellas.
    Por su azadón trocara
mi dorada cuchilla,

a Ocaña tu casilla,
casa en que el Sol repara.
¡Dichoso tú, que tienes
en la troj de tu lecho tantos bienes!

(Entra Luján.)

Luján

Perdona, que estaba el bayo
necesitado de mí.

Comendador

    Muerto estoy, matóme un rayo;
aún dura, Luján, en mí
la fuerza de aquel desmayo.

Luján

¿Todavía persevera,
y aquella pasión te dura?

Comendador

    Como va el fuego a su esfera,
el alma a tanta hermosura
sube cobarde y ligera.
    Si quiero, Luján, hacerme
amigo deste villano,
donde el honor menos duerme
que en el sutil cortesano,
¿qué medio puede valerme?
    ¿Será bien decir que trato
de no parecer ingrato
al deseo que mostró,
hacerle algún bien?

Luján

              Si yo
quisiera bien, con recato,
  quiero decir, advertido
de un peligro conocido,

primero que a la mujer,
solicitara tener
la gracia de su marido.
   Éste, aunque es hombre de bien
y honrado entre sus iguales,
se descuidará también
si le haces obras tales,
como por otros se ven.
   Que hay marido que, obligado,
procede más descuidado
en la guarda de su honor:
que la obligación, señor,
descuida el mayor cuidado.

Comendador   ¿Qué le daré por primeras
señales?

Luján   Si consideras
lo que un labrador adulas,
será darle un par de mulas
más que si a Ocaña le dieras.
   Éste es el mayor tesoro
de un labrador. Y a su esposa,
unas arracadas de oro;
que con Angélica hermosa
esto escriben de Medoro:
   Reinaldo fuerte en roja sangre bana
por Angélica el campo de Agramante;
Roldán valiente, gran señor de Anglante,
cubre de cuerpos la marcial campana;
   la furia Malgesí del cetro engaña;
sangriento corre el fiero Sacripante;
cuanto le pone la ocasión delante,
derriba al suelo Ferragut de España.

Mas, mientras los gallardos paladines
armados tiran tajos y reveses,
presentóle Medoro unos chapines,
    y entre unos verdes olmos y cipreses
gozó de amor los regalados fines,
y la tuvo por suya trece meses.

Comendador   No pintó mal el poeta
lo que puede el interés.

Luján   Ten por opinión discreta
la del dar, porque al fin es
la más breve y más secreta.
    Los servicios personales
son vistos públicamente
y dan del amor señales.
El interés diligente
que negocia por metales,
    dicen que lleva los pies
todos envueltos en lana.

Comendador   ¡Pues alto, venza interés!

Luján   Mares y montañas allana
y tú lo verás después.

Comendador   Desde que fuiste conmigo,
Luján, al Andalucía,
y fui en la guerra testigo
de tu honra y valentía,
huelgo de tratar contigo
    todas las cosas que son
de gusto y secreto, a efeto
de saber tu condición;

que un hombre de bien discreto
es digno de estimación
  en cualquier parte o lugar
que le ponga su fortuna;
y yo te pienso mudar
deste oficio.

Luján   Si en alguna
cosa te puedo agradar,
  mándame, y verás mi amor,
que yo no puedo, señor,
ofrecerte otras grandezas.

Comendador   Sácame destas tristezas.

Luján   Este es el medio mejor.

Comendador   Pues vamos, y buscarás
el par de mulas más bello
que él haya visto jamás.

Luján   Ponles ese yugo al cuello,
que antes de un hora verás
  arar en su pecho fiero
surcos de afición, tributo
de que tu cosecha espero;
que en trigo de amor, no hay fruto
si no se siembra dinero.

(Vanse. Salen Inés, Costanza y Casilda.)

Casilda   No es tarde para partir

Inés   El tiempo es bueno y es llano

todo el camino.

Costanza
                         En verano
suelen muchas veces ir
   en diez horas, y aun en menos.
¿Qué galas llevas, Inés?

Inés
Pobres y el talle que ves.

Costanza
Yo llevo unos cuerpos llenos
   de pasamanos de plata.

Inés
Desabrochado el sayuelo,
salen bien.

Casilda
                         De terciopelo
sobre encarnada escarlata
   los pienso llevar, que son
galas de mujer casada.

Costanza
Una basquiña prestada
me daba Inés, la de Antón.
   Era palmilla gentil
de Cuenca, si allá se teje,
y obligame a que la deje
Menga, la de Blasco Gil,
   porque dice que el color
no dice bien con mi cara.

Inés
Bien sé yo quién te prestara
una faldilla mejor.

Costanza
                         ¿Quién?

Inés   Casilda.

Casilda   Si tú quieres,
                la de grana blanca es buena,
                o la verde, que está llena
                de vivos.

Costanza   Liberal eres
                y bien acondicionada;
                mas si Pedro ha de reñir,
                no te la quiero pedir,
                y guárdete Dios, casada.

Casilda   No es Peribáñez, Costanza,
                tan mal acondicionado.

Inés   ¿Quiérete bien tu velado?

Casilda   ¿Tan presto temes mudanza?
                   No hay en esta villa toda
                novios de placer tan ricos;
                pero aún comemos los picos
                de las roscas de la boda.

Inés   ¿Dícete muchos amores?

Casilda   No sé yo cuáles son pocos;
                sé que mis sentidos locos
                lo están de tantos favores.
                   Cuando se muestra el lucero,
                viene del campo mi esposo
                de su cena deseoso;
                siéntele el alma primero,
                   y salgo a abrille la puerta,

arrojando el almohadilla,
que siempre tengo en la villa
quien mis labores concierta.

   Él de la mula se arroja,
y yo me arrojo en sus brazos;
tal vez de nuestros abrazos
la bestia hambrienta se enoja

   y, sintiéndola gruñir,
dice: En dándole la cena
al ganado, cara buena,
volverá Pedro a salir.

   Mientras él paja les echa,
ir por cebada me manda;
yo la traigo, el la zaranda
y deja la que aprovecha.

   Revuélvela en el pesebre,
y allí me vuelve a abrazar,
que no hay tan bajo lugar
que el amor no le celebre.

   Salimos donde ya está
dándonos voces la olla,
porque el ajo y la cebolla,
fuera del olor que da

   por toda nuestra cocina,
tocan a la cobertera
el villano de manera
que a bailalle nos inclina.

   Sácola en limpios manteles,
no en plata, aunque yo quisiera;
platos son de Talavera,
que están vertiendo claveles.

   Aváhole su escodilla
de sopas con tal primor,
que no la come mejor

el señor de muesa villa;
  y él lo paga, porque a fe,
que apenas bocado toma,
de que, como a su paloma,
lo que es mejor no me dé.
  Bebe y deja la mitad,
bébole las fuerzas yo,
traigo olivas, y si no,
es postre la voluntad.
  Acabada la comida,
puestas las manos los dos,
dámosle gracias a Dios
por la merced recibida,
  y vámonos a acostar,
donde le pesa al aurora
cuando se llega la hora
de venirnos a llamar.

Inés	¡Dichosa tú, casadilla,
	que en tan buen estado estás!
	Ea, ya no falta más
	sino salir de la villa.

(Entra Peribáñez.)

Casilda	¿Esta el carro aderezado?
Peribáñez	Lo mejor que puede está.
Casilda	Luego ¿pueden subir ya?
Peribáñez	Pena, Casilda, me ha dado
	el ver que el carro de Bras
	lleva alfombra y repostero.

Casilda   Pídele a algún caballero.

Inés   Al Comendador podrás.

Peribáñez   El nos mostraba afición,
                     y pienso que nos le diera.

Casilda   ¿Qué se pierde en ir?

Peribáñez   Espera,
                     que a la fe que no es razón
                        que vaya sin repostero.

Inés   Pues vámonos a vestir.

Casilda   También le puedes pedir.

Peribáñez   ¿Qué, mi Casilda?

Casilda   ...un sombrero.

Peribáñez   Eso no.

Casilda   ¿Por qué? ¿Es exceso?

Peribáñez   Porque plumas de señor
                     podrán darnos por favor
                     a ti viento y a mi peso.

(Vanse todos. Entra el Comendador, y Luján.)

Comendador   Ellas son con extremo.

Luján

                Yo no he visto
mejores bestias, por tu vida y mía,
en cuantas he tratado, y no son pocas.

Comendador

                 Las arracadas faltan.

Luján

                             Dijo el dueño
que cumplen a estas yerbas los tres años,
y costaron lo mismo que le diste,
habrá un mes, en la feria de Mansilla,
y que saben muy bien de albarda y silla.

Comendador

                 ¿De qué manera, di, Luján, podremos
darlas a Peribáñez, su marido,
que no tenga malicia en mi propósito?

Luján

                Llamándole a tu casa, y previniéndole
de que estás a su amor agradecido.
Pero cáusame risa en ver que hagas
tu secretario en cosas de tu gusto
un hombre de mis prendas.

Comendador

                 No te espantes;
que sirviendo mujer de humildes prendas,
es fuerza que lo trate con las tuyas.
Si sirviera una dama, hubiera dado
parte a mi secretario o mayordomo,
o a algunos gentilhombres de mi casa.
Estos hicieran joyas y buscaran
cadenas de diamantes, brincos, perlas,
telas, rasos, damascos, terciopelos,
y otras cosas extrañas y exquisitas,
                hasta en Arabia procurar la fénix;
pero la calidad de lo que quiero

me obliga a darte parte de mis cosas,
Luján, aunque eres mi lacayo; mira
que para comprar mulas eres propio,
de suerte que yo trato el amor mío
de la manera misma que él me trata.

Luján   Ya que no fue tu amor, señor, discreto,
                         el modo de tratarle lo parece.

(Entra Leonardo.)

Leonardo   Aquí está Peribáñez.

Comendador   ¿Quién, Leonardo?

Leonardo   Peribáñez, señor.

Comendador   ¿Qué es lo que dices?

Leonardo   Digo que me pregunta Peribáñez
                         por ti, y yo pienso bien que le conoces.
                         Es Peribánez, labrador de Ocaña,
                         cristiano viejo y rico, hombre tenido
                         en gran veneración de sus iguales,
                         y que, si se quisiese alzar agora
                         en esta villa, seguirán su nombre
                         cuantos salen al campo con su arado,
                         porque es, aunque villano, muy honrado.

Luján   ¿De qué has perdido el color?

Comendador   ¡Ay cielos!
                         ¡Que de solo venir el que es esposo
                         de una mujer que quiero bien, me sienta

descolorir, helar y temblar todo!

Luján

Luego ¿no ternás ánimo de verle?

Comendador

   Di que entre, que del modo que a quien ama,
la calle, las ventanas y las rejas
agradables le son, y en las criadas
parece que ve el rostro de su dueño,
así pienso mirar en su marido
la hermosura por quien estoy perdido.

(Sale Peribáñez con capa.)

Peribáñez

Dame tus generosos pies.

Comendador

               ¡Oh Pedro!
Seas mil veces bien venido. Dame
otras tantas tus brazos.

Peribáñez

       ¡Señor mío!
¡Tanta merced a un rústico villano
de los menores que en Ocaña tienes!
¡Tanta merced a un labrador!

Comendador

             No eres
indigno, Peribáñez, de mis brazos,
que, fuera de ser hombre bien nacido,
y por tu entendimiento y tus costumbres
honra de los vasallos de mi tierra,
te debo estar agradecido, y tanto,
cuanto ha sido por ti tener la vida,
que pienso que sin ti fuera perdida.
¿Qué quieres de esta casa?

Peribáñez   Señor mío,
                 yo soy, ya lo sabrás, recién casado.
                 Los hombres, y de bien, cual lo profeso,
                 hacemos, aunque pobres, el oficio
                 que hicieron los galanes de palacio.
                 Mi mujer me ha pedido que la lleve
                 a la fiesta de agosto, que en Toledo
                 es, como sabes, de su santa iglesia
                 celebrada de suerte que convoca
                 a todo el reino. Van también sus primas.
                 Yo, señor, tengo en casa pobres sargas,
                 no franceses tapices de oro y seda,
                 no reposteros con doradas armas,
                 ni coronados de blasón y plumas
                 los timbres generosos; y así, vengo
                 a que se digne vuestra señoría
                 de prestarme una alfombra y repostero
                 para adornar el carro, y le suplico
                 que mi ignorancia su grandeza abone,
                 y como enamorado me perdone.

Comendador   ¿Estás contento, Peribáñez?

Peribáñez   Tanto,
                 que no trocara a este sayal grosero
                 la encomienda mayor que el pecho cruza
                 de vuestra señoría, porque tengo
                 mujer honrada, y no de mala cara,
                 buena cristiana, humilde, y que me quiere
                 no sé si tanto como yo la quiero,
                 pero con más amor que mujer tuvo.

Comendador   Tenéis razón de amar a quien os ama,
                 por ley divina y por humanas leyes;

que a vos eso os agrada como vuestro.
¡Hola! Dalde el alfombra mequinesa
con ocho reposteros de mis armas,
y pues hay ocasión para pagarle
el buen acogimiento de su casa,
adonde hallé la vida, las dos mulas
que compré para el coche de camino,
y a su esposa llevad las arracadas,
si el platero las tiene ya acabadas.

Peribáñez

Aunque bese la tierra, señor mío,
en tu nombre mil veces, no te pago
una mínima parte de las muchas
que debo a las mercedes que me haces.
Mi esposa y yo, hasta aquí vasallos tuyos,
desde hoy somos esclavos de tu casa.

Comendador

Ve, Leonardo, con él.

Leonardo

Vente conmigo.

(Vanse.)

Comendador

Luján, ¿qué te parece?

Luján

Que se viene
la ventura a tu casa.

Comendador

Escucha aparte:
el alazán al punto me adereza,
que quiero ir a Toledo rebozado,
porque me lleva el alma esta villana.

Luján

¿Seguirla quieres?

Comendador   Sí, pues me persigue,
                  por que este ardor con verla se mitigue.

(Vanse. Entran con acompañamiento el rey Enrique y el Condestable.)

Condestable   Alegre está la ciudad,
                  y a servirte apercibida,
                  con la dichosa venida
                  de tu sacra majestad.
                     Auméntales el placer
                  ser víspera de tal día.

Enrique   El deseo que tenía
                  me pueden agradecer.
                     Soy de su rara hermosura
                  el mayor apasionado.

Condestable   Ella, en amor y en cuidado,
                  notablemente procura
                     mostrar agradecimiento.

Enrique   Es octava maravilla,
                  es corona dc Castilla,
                  es su lustre y ornamento;
                     es cabeza, Condestable,
                  de quien los miembros reciben
                  vida, con que alegres viven;
                  es a la vista admirable.
                     Como Roma, está sentada
                  sobre un monte que ha vencido
                  los siete por quien ha sido
                  tantos siglos celebrada.
                     Salgo de su santa iglesia

con admiración y amor.

Condestable Este milagro, señor,
vence al antiguo de Efesia.
   ¿Piensas hallarte mañana
en la procesión?

Enrique   Iré,
para ejemplo de mi fe,
con la imagen soberana,
   que la querría obligar
a que rogase por mí
en esta jornada.

(Un paje entra.)

Paje   Aquí
tus pies vienen a besar
   dos regidores, de parte
de su noble ayuntamiento.

Enrique Di que lleguen.

(Salen dos regidores.)

Regidor   Esos pies
besa, gran señor, Toledo
y dice que, para darte
respuesta con breve acuerdo
a lo que pides, y es justo,
de la gente y el dinero,
junto sus nobles, y todos,
de común consentimiento,
para la jornada ofrecen

mil hombres de todo el reino
y cuarenta mil ducados.

Enrique   Mucho a Toledo agradezco
el servicio que me hace;
pero es Toledo en efeto.
¿Sois caballeros los dos?

Regidor   Los dos somos caballeros .

Enrique   Pues hablad al Condestable
mañana, por que Toledo
vea que en vosotros pago
la que a su nobleza debo.

(Entran Inés y Costanza y Casilda con sombreros de borlas y vestidos de labradoras a uso de la Sagra y Peribáñez y el Comendador, de camino, detrás.)

Inés   Pardiez, que tengo de verle,
pues hemos venido a tiempo
que está el Rey en la ciudad.

Costanza   ¡Oh qué gallardo mancebo!

Inés   Este llaman don Enrique
Tercero.

Casilda   ¡Qué buen tercero!

Peribáñez   Es hijo del Rey don Juan
el Primero, y así, es nieto
del Segundo don Enrique,
el que mató al Rey don Pedro,
que fue Guzmán por la madre,

                         y valiente caballero;
                         aunque más lo fue el hermano,
                         pero, cayendo en el suelo,
                         valióse de la fortuna,
                         y de los brazos asiendo,
                         a Enrique le dio la daga,
                         que agora se ha vuelto cetro.

Inés   ¿Quién es aquél tan erguido
                         que habla con él?

Peribáñez   Cuando menos
                         el Condestable.

Casilda   ¿Que son
                         los reyes de carne y hueso?

Costanza   Pues ¿de qué pensabas tú?

Casilda   De damasco o terciopelo.

Costanza   ¡Si que eres boba en verdad!

Comendador (Aparte.) (Como sombra voy siguiendo
                         el Sol de aquesta villana,
                         y con tanto atrevimiento,
                         que de la gente del Rey
                         el ser conocido temo.
                         Pero ya se va al alcázar.)

(Vase el Rey y su gente.)

Inés   ¡Hola! El Rey se va.

Costanza   Tan presto,
que aún no he podido saber
si es barbirrubio o taheño.

Inés   Los reyes son a la vista,
Costanza, por el respeto,
imágenes de milagros,
porque siempre que los vemos,
de otra color nos parecen.

(Luján entra con un pintor.)

Luján   Aquí está.

Pintor   ¿Cuál dellos?

Luján   ¡Quedo!
Señor, aquí está el pintor.

Comendador   ¡Oh amigo!

Pintor   A servirte vengo.

Comendador   ¿Traes el naipe y colores?

Pintor   Sabiendo tu pensamiento,
colores y naipe traigo.

Comendador   Pues con notable secreto,
de aquellas tres labradoras
me retrata la de en medio,
luego que en cualquier lugar
tomen con espacio asiento.

Pintor

Que será dificultoso
temo, pero yo me atrevo
a que se parezca mucho.

Comendador

    Pues advierte lo que quiero.
Si se parece en el naipe,
deste retrato pequeño
quiero que hagas uno grande
con más espacio en un lienzo.

Pintor

¿Quiéresle entero?

Comendador

        No tanto;
basta que de medio cuerpo,
mas con las mismas patenas,
sartas, camisa y sayuelo.

Luján

Allí se sientan a ver
la gente.

Pintor

        Ocasión tenemos.
Yo haré el retrato.

Peribáñez

        Casilda,
tomemos aqueste asiento
para ver las luminarias.

Inés

Dicen que al ayuntamiento
traerán bueyes esta noche.

Casilda

Vamos, que aquí los veremos
sin peligro y sin estorbo.

Comendador

    Retrata, pintor, al cielo

todo bordado de nubes,
y retrata un prado ameno
todo cubierto de flores.

Pintor   Cierto que es bella en extremo.

Luján   Tan bella que está mi amo
todo cubierto de vello,
de convertido en salvaje.

Pintor   La luz faltará muy presto.

Comendador   No lo temas, que otro Sol
tiene en sus ojos serenos,
siendo estrellas para ti,
para mi rayos de fuego.

Fin de la primera jornada

Jornada segunda

(Cuatro labradores: Blas, Gil, Antón, Benito.)

Benito	Yo soy deste parecer.
Gil	Pues asentaos y escribildo.
Antón	Mal hacemos en hacer entre tan pocos cabildo.
Benito	Ya se llamó desde ayer.
Blas	Mil faltas se han conocido en esta fiesta pasada.
Gil	Puesto, señores, que ha sido la procesión tan honrada y el santo tan bien servido, debemos considerar que parece mal faltar en tan noble cofradía lo que agora se podría fácilmente remediar. Y cierto que, pues que toca a todos un mal que daña generalmente, que es poca devoción de toda Ocaña, y a toda España provoca, de nuestro santo patrón, Roque, vemos cada día aumentar la devoción una y otra cofradía, una y otra procesión

en el reino de Toledo.
Pues ¿por qué tenemos miedo
a ningún gasto?

Benito   No ha sido
sino descuido y olvido.

(Entra Peribáñez.)

Peribáñez   Si en algo serviros puedo,
veisme aquí, si ya no es tarde.

Blas   Peribáñez, Dios os guarde,
gran falta nos habéis hecho.

Peribáñez   El no seros de provecho
me tiene siempre cobarde.

Benito   Toma asiento junto a mi.

Gil   ¿Dónde has estado?

Peribáñez   En Toledo,
que a ver con mi esposa fui
la fiesta.

Antón   ¿Gran cosa?

Peribáñez   Puedo
decir, señores, que vi
un cielo en ver en el suelo
su santa iglesia, y la imagen
que ser más bella recelo,
si no es que a pintarla bajen

los escultores del cielo;
porque, quien la verdadera
no haya visto en la alta esfera
del trono en que está sentada,
no podrá igualar en nada
lo que Toledo venera.
Hízose la procesión
con aquella majestad
que suelen, y que es razón,
añadiendo autoridad
el Rey en esta ocasión.
Pasaba al Andalucía
para proseguir la guerra.

Gil

Mucho nuestra cofradía
sin vos en mil cosas yerra.

Peribáñez

Pensé venir otro día
y hallarme a la procesión
de nuestro Roque divino,
pero fue vana intención,
porque mi Casilda vino
con tan devota intención,
que hasta que pasó la octava
no pude hacella venir.

Gil

¿Que allá el señor Rey estaba?

Peribáñez

Y el Maestre, oí decir,
de Alcántara y Calatrava.
¡Brava jornada aperciben!
No ha de quedar moro en pie
de cuantos beben y viven
el Betis, aunque bien sé

del modo que los reciben.
Pero, esto aparte dejando,
¿de qué estábades tratando?

Benito

De la nuestra cofradía
de San Roque, y, a fe mía,
que el ver que has llegado cuando
mayordomo están haciendo,
me ha dado, Pedro, a pensar
que vienes a serlo.

Antón

En viendo
a Peribáñez entrar,
lo mismo estaba diciendo.

Blas

¿Quién lo ha de contradecir?

Gil

Por mi digo que lo sea,
y en la fiesta por venir
se ponga cuidado y vea
lo que es menester pedir.

Peribáñez

Aunque por recién casado
replicar fuera razón,
puesto que me habéis honrado,
agravio mi devoción
huyendo el rostro al cuidado.
Y por servir a San Roque,
la mayordomía aceto
para que más me provoque
a su servicio.

Antón

En efeto,
haréis mejor lo que toque.

Peribáñez   ¿Qué es lo que falta de hacer?

Benito   Yo quisiera proponer
              que otro San Roque se hiciese
              más grande, por que tuviese
              más vista.

Peribáñez   Buen parecer.
              ¿Qué dice Gil?

Gil   Que es razón,
              que es viejo y chico el que tiene
              la cofradía.

Peribáñez   ¿Y Antón?

Antón   Que hacerle grande conviene,
              y que ponga devoción.
              Está todo desollado
              el perro, y el panecillo
              más de la mitad quitado,
              y el ángel, quiero decillo,
              todo abierto por un lado.
              Y a los dos dedos, que son
              con que da la bendición,
              falta más de la mitad.

Peribáñez   Blas, ¿qué diz?

Blas   Que a la ciudad
              vayan hoy Pedro y Antón,
              y hagan aderezar
              el viejo a algún buen pintor,

porque no es justo gastar
ni hacerlo agora mayor,
pudiéndole renovar.

Peribáñez   Blas dice bien, pues está
tan pobre la cofradía;
mas ¿cómo se llevará?

Antón   En vuesa pollina o mía
sin daño y golpes irá
de una sábana cubierto.

Peribáñez   Pues esto baste por hoy,
si he de ir a Toledo.

Blas   Advierto
que este parecer que doy
no lleva engaño encubierto;
que, si se ofrece gastar,
cuando Roque se volviera
San Cristóbal, sabré dar
mi parte.

Gil   Cuando eso fuera,
¿quién se pudiera excusar?

Peribáñez   Pues vamos, Antón, que quiero
despedirme de mi esposa.

Antón   Yo con la imagen te espero.

Peribáñez   Llamará Casilda hermosa
este mi amor lisonjero;
que, aunque disculpado quedo

con que el cabildo me ruega,
pienso que enojarla puedo,
pues en tiempo de la siega
me voy de Ocaña a Toledo.

(Entran. Salen el Comendador y Leonardo.)

Comendador   Cuéntame el suceso todo.

Leonardo   Si de algún provecho es
haber conquistado a Inés,
pasa, señor, deste modo.
Vino de Toledo a Ocaña
Inés con tu labradora,
como de su Sol aurora,
más blanda y menos extraña.
Pasé sus calles las veces
que pude, aunque con recato,
porque en gente de aquel trato
hay maliciosos jueces.
A baile salió una fiesta,
ocasión de hablarla hallé;
habléla de amor y fue
la vergüenza la respuesta.
Pero saliendo otro día
a las eras, pude hablalla,
y en el camino contalla
la fingida pena mía.
Ya entonces más libremente
mis palabras escuchó,
y pagarme prometió
mi afición honestamente,
porque yo le di a entender
que ser mi esposa podría,

aunque ella mucho temía
lo que era razón temer.
Pero aseguréla yo
que tú, si era tu contento,
harías el casamiento,
y de otra manera no.
Con esto está de manera
que si a Casilda ha de haber
puerta, por aquí ha de ser,
que es prima y es bachillera.

Comendador   ¡Ay Leonardo! ¡Si mi suerte
al imposible inhumano
de aqueste desdén villano,
roca del mar siempre fuerte,
hallase fácil camino!

Leonardo   ¿Tan ingrata te responde?

Comendador   Seguíla, ya sabes dónde,
sombra de su Sol divino,
y, en viendo que me quitaba
el rebozo, era de suerte
que, como de ver la muerte,
de mi rostro se espantaba.
Ya le salían colores
al rostro, ya se teñía
de blanca nieve y hacía
su furia y desdén mayores.
Con efetos desiguales
yo, con los humildes ojos,
mostraba que sus enojos
me daban golpes mortales.
En todo me parecía

que aumentaba su hermosura,
y atrevióse mi locura,
Leonardo, a llamar un día
un pintor, que retrató
en un naipe su desdén.

Leonardo   Y ¿parecióse?

Comendador   Tan bien,
que después me le pasó
a un lienzo grande, que quiero
tener donde siempre esté
a mis ojos, y me dé
más favor que el verdadero.
Pienso que estará acabado,
tú irás por él a Toledo;
pues con el vivo no puedo,
viviré con el pintado.

Leonardo   Iré a servirte, aunque siento
que te aflijas por mujer
que la tardas en vencer
lo que ella en saber tu intento.
Déjame hablar con Inés,
que verás lo que sucede.

Comendador Si ella lo que dices puede,
no tiene el mundo interés...

(Luján entra como segador.)

Luján   ¿Estás solo?

Comendador   ¡Oh buen Luján!

Solo está Leonardo aquí.

Luján   ¡Albricias, señor!

Comendador   Si a ti
deseos no te las dan
¿qué hacienda tengo en Ocaña?

Luján   En forma de segador,
a Peribáñez, señor
(tanto el apariencia engaña),
pedí jornal en su trigo,
y, desconocido, estoy
en su casa desde hoy.

Comendador   ¡Quién fuera, Luján, contigo!

Luján   Mañana, al salir la aurora,
hemos de ir los segadores
al campo; mas tus amores
tienen gran remedio agora
que Peribáñez es ido
a Toledo, y te ha dejado
esta noche a mi cuidado;
porque, en estando dormido
el escuadrón de la siega
alrededor del portal,
en sintiendo que al umbral
tu seña o tu planta llega,
abra la puerta, y te adiestre
por donde vayas a ver
esta invencible mujer.

Comendador   ¿Cómo quieres que te muestre

debido agradecimiento
Luján, de tanto favor?

Luján   Es el tesoro mayor
               del alma el entendimiento.

Comendador   ¡Por qué camino tan llano
               has dado a mi mal remedio!
               Pues no estando de por medio
               aquel celoso villano,
               y abriendome tú la puerta
               al dormir los segadores,
               queda en mis locos amores
               la de mi esperanza abierta.
               ¡Brava ventura he tenido
               no solo en que se partiese,
               pero de que no te hubiese
               por el disfraz conocido!
               ¿Has mirado bien la casa?

Luján   Y, ¡cómo si la miré!
               Hasta el aposento entré
               del Sol que tu pecho abrasa.

Comendador   ¿Que has entrado a su aposento?
               ¿Que de tan divino Sol
               fuiste Faetón español?
               ¡Espantoso atrevimiento!
               ¿Qué hacía aquel ángel bello?

Luján   Labor en un limpio estrado,
               no de seda ni brocado,
               aunque pudiera tenello,
               mas de azul guadamecí

con unos vivos dorados
que, en vez de borlas, cortados
por las cuatro esquinas vi.
Y como en toda Castilla
dicen del agosto ya
que el frio en el rostro da,
y ha llovido en nuestra villa,
o por verse caballeros
antes del invierno frío,
sus paredes, señor mío,
sustentan tus reposteros.
Tanto, que dije entre mí,
viendo tus armas honradas:
Rendidas, que no colgadas,
pues amor lo quiere así.

Comendador   Antes ellas te advirtieron
de que en aquella ocasión
tomaban la posesión
de la conquista que hicieron;
porque, donde están colgadas,
lejos están de rendidas.
Pero, cuando fueran vidas,
las doy por bien empleadas.
Vuelve, no te vean aquí,
que, mientras me voy a armar,
querrá la noche llegar
para dolerse de mi.

Luján   ¿Ha de ir Leonardo contigo?

Comendador   Paréceme discreción,
porque en cualquiera ocasión
es bueno al lado un amigo.

(Vanse. Entran Casilda e Inés.)

Casilda   Conmigo te has de quedar
                 esta noche, por tu vida.

Inés   Licencia es razón que pida.
                 Desto no te has de agraviar,
                 que son padres en efeto.

Casilda   Enviaréles un recaudo,
                 por que no estén con cuidado,
                 que ya es tarde, te prometo.

Inés   Trázalo como te dé
                 más gusto, prima querida.

Casilda   No me habrás hecho en tu vida
                 mayor placer, a la fe.
                 Esto debes a mi amor.

Inés   Estás, Casilda, enseñada
                 a dormir acompañada;
                 no hay duda, tendrás temor.
                 Y yo mal podré suplir
                 la falta de tu velado,
                 que es mozo, a la fe, chapado
                 y para hacer y decir.
                 Yo, si viese algún ruido,
                 cuéntame por desmayada.
                 Tiemblo una espada envainada;
                 desnuda, pierdo el sentido.

Casilda   No hay en casa qué temer,

                          que duermen en el portal
                          los segadores.

Inés   Tu mal
                          soledad debe de ser,
                          y temes que estos desvelos
                          te quiten el sueño.

Casilda   Aciertas,
                          que los desvelos son puertas
                          para que pasen los celos
                          desde el amor al temor
                          y en comenzando a temer,
                          no hay más dormir que poner
                          con celos remedio a amor.

Inés   Pues ¿qué ocasión puede darte
                          en Toledo?

Casilda   ¿Tú no ves
                          que celos es aire, Inés,
                          que vienen de cualquier parte?

Inés   Que de Medina venía
                          oí yo siempre cantar.

Casilda   ¿Y Toledo no es lugar
                          de adonde venir podría?

Inés   Grandes hermosuras tiene.

Casilda   Ahora bien, vente a cenar.

(Llorente y Mendo, segadores.)

66

Llorente   A quien ha de madrugar
                dormir luego le conviene.

Mendo   Digo que muy justo es.
                Los ranchos pueden hacerse.

Casilda   Ya vienen a recogerse
                los segadores, Inés.

Inés   Pues vamos, y a Sancho avisa
                  el cuidado de la huerta.

(Vanse.)

Llorente   Muesama acude a la puerta.
                Andará dándonos prisa
                por no estar aquí su dueño.

(Entran Bartolo y Chaparro, segadores.)

Bartolo   A alba he de haber segado
                todo el repecho del prado.

Chaparro   Si diere licencia el sueño.
                Buenas noches os dé Dios,
                Mendo y Llorente.

Mendo   El sosiego
                no será mucho si luego
                habemos de andar los dos
                con las hoces a destajo,
                aquí manada, aquí corte.

Chaparro

Pardiez, Mendo, cuando importe,
bien luce el justo trabajo.
Sentaos y, antes de dormir,
o cantemos o contemos
algo de nuevo y podremos
en esto nos divertir.

Bartolo

¿Tan dormido estáis, Llorente?

Llorente

Pardiez, Bartol, que quisiera
que en un año amaneciera
cuatro veces solamente.

(Helipe y Luján, segadores.)

Helipe

¿Hay para todos lugar?

Mendo

¡Oh Helipe! Bien venido.

Luján

Y yo, si lugar os pido,
¿podréle por dicha hallar?

Chaparro

No faltará para vos.
Aconchaos junto la puerta.

Bartolo

Cantar algo se concierta.

Chaparro

Y aun contar algo, por Dios.

Luján

Quien supiere un lindo cuento,
póngale luego en el corro.

Chaparro

De mi capote me ahorro
y para escuchar me asiento.

Luján

Va primero de canción,
y luego diré una historia
que me viene a la memoria.

Mendo

Cantad.

Llorente

Ya comienzo el son.

(Cantan con las guitarras.)

«Trébole, ¡ay Jesús, cómo güele!
Trébole, ¡ay Jesús, qué olor!
Trébole de la casada,
que a su esposo quiere bien;
de la doncella también,
entre paredes guardada,
que, fácilmente engañada,
sigue su primero amor.
Trébole, ¡ay Jesús, cómo güele!
Trébole, ¡ay Jesús, qué olor!
Trébole de la soltera,
que tantos amores muda;
trébole de la viuda,
que otra vez casarse espera,
tocas blancas por defuera
y el faldellín de color.
Trébole, ¡ay Jesús, cómo güele!
Trébole, ¡ay Jesús, qué olor!»

Luján

Parecen que se han dormido.
No tenéis ya que cantar.

Llorente

Yo me quiero recostar,

aunque no en trébol florido.

Luján   ¿Qué me detengo? Ya están
los segadores durmiendo.
Noche, este amor te encomiendo.
Prisa los silbos me dan.
La puerta le quiero abrir.
¿Eres tú, señor?

(Entran el Comendador y Leonardo.)

Comendador   Yo soy.

Luján   Entra presto.

Comendador   Dentro estoy.

Luján   Ya comienzan a dormir.
Seguro por ellos pasa,
que un carro puede pasar
sin que puedan despertar.

Comendador   Luján, yo no sé la casa.
Al aposento me guía.

Luján   Quédese Leonardo aquí.

Leonardo   Que me place.

Luján   Ven tras mí.

Comendador   ¡Oh amor! ¡Oh fortuna mía!
¡Dame próspero suceso!

(Vanse.)

Llorente   ¡Hola, Mendo!

Mendo   ¿Qué hay, Llorente?

Llorente   En casa anda gente.

Mendo   ¿Gente?
               Que lo temí te confieso.
               ¿Así se guarda el decoro
               a Peribáñez?

Llorente   No sé.
               Sé que no es gente de a pie.

Mendo   ¿Cómo?

Llorente   Trae capa con oro.

Mendo   ¿Con oro? Mátenme aquí
               si no es el Comendador.

Llorente   Demos voces.

Mendo   ¿No es mejor
               callar?

Llorente   Sospecho que sí.
               Pero ¿de qué sabes que es
               el Comendador?

Mendo   No hubiera
               en Ocaña quien pusiera

tan atrevidos los pies,
ni aun el pensamiento, aquí.

Llorente   Esto es casar con mujer
hermosa.

Mendo   ¿No puede ser
que ella esté sin culpa?

Llorente   Sí.
Ya vuelven. Hazte dormido.

[Entran el Comendador y Luján.]

Comendador   ¡Ce! ¡Leonardo!

Leonardo   ¿Qué hay, señor?

Comendador   Perdí la ocasión mejor
que pudiera haber tenido.

Leonardo   ¿Cómo?

Comendador   Ha cerrado y muy bien
el aposento esta fiera.

Leonardo   Llama.

Comendador   ¡Si gente no hubiera...!
Mas despertarán también.

Leonardo   No harán, que son segadores,
y el vino y cansancio son
candados de la razón

72

y sentidos exteriores.
Pero escucha, que han abierto
la ventana del portal.

Comendador   Todo me sucede mal.

Leonardo   ¿Si es ella?

Comendador   Tenlo por cierto.

(A la ventana con un rebozo, Casilda.)

Casilda   ¿Es hora de madrugar,
amigos?

Comendador   Señora mía,
ya se va acercando el día
y es tiempo de ir a segar.
Demás que, saliendo vos,
sale el Sol, y es tarde ya.
Lástima a todos nos da
de veros sola, por Dios.
No os quiere bien vuestro esposo,
pues a Toledo se fue
y os deja una noche. A fe
que si fuera tan dichoso
el Comendador de Ocaña
—que sé yo que os quiere bien,
aunque le mostráis desdén
y sois con él tan extraña—,
que no os dejara, aunque el Rey
por sus cartas le llamara;
que dejar sola esa cara
nunca fue de amantes ley.

Casilda

Labrador de lejas tierras,
que has venido a nuesa villa
convidado del agosto,
¿quién te dio tanta malicia?
Ponte tu tosca antiparra,
del hombro el gabán derriba,
la hoz menuda en el cuello,
los dediles en la cinta.
Madruga al salir del alba,
mira que te llama el día,
ata las manadas secas
sin maltratar las espigas.
Cuando salgan las estrellas,
a tu descanso camina,
y no te metas en cosas
de que algún mal se te siga.
El Comendador de Ocaña
servirá dama de estima,
no con sayuelo de grana
ni con saya de palmilla.
Copete traerá rizado,
gorguera de holanda fina,
no cofia de pinos tosca,
y toca de argentería.
En coche o silla de seda
los disantos irá a misa,
no vendrá en carro de estacas
de los campos a las viñas.
Diréle en cartas discretas
requiebros a maravilla,
no labradores desdenes
envueltos en señorías.
Oleréle a guantes de ámbar,

a perfumes y pastillas,
no a tomillo ni cantueso,
poleo y zarzas floridas.
Y cuando el Comendador
me amase como a su vida,
y se diesen virtud y honra
por amorosas mentiras,
más quiero yo a Peribáñez
con su capa la pardilla
que al Comendador de Ocaña
con la suya guarnecida.
Más precio verle venir
en su yegua la tordilla,
la barba llena de escarcha
y de nieve la camisa,
la ballesta atravesada,
y del arzón de la silla
dos perdices conejos,
y el podenco de traílla,
que ver al Comendador
con gorra de seda rica,
y cubiertos de diamantes
los brahones y capilla;
que más devoción me causa
la cruz de piedra en la ermita,
que la roja de Santiago
en su bordada ropilla.
Vete, pues, el segador,
mala fuese la tu dicha,
que si Peribáñez viene
no verás la luz del día.

Comendador   Quedo, señora. ¡Señora!
Casilda, amores, Casilda,

yo soy el Comendador;
abridme, por vuestra vida.
Mirad que tengo que daros
dos sartas de perlas finas
y una cadena esmaltada
de más peso que la mía.

Casilda   Segadores de mi casa,
no durmáis, que con su risa
os está llamando el alba.
Ea, relinchos y grita,
que al que a la tarde viniere
con más manadas cogidas,
le mando el sombrero grande
con que va Pedro a las viñas.

(Quítase de la ventana.)

Mendo   Llorente, muesa ama llama.

Luján   Huye, señor, huye aprisa,
que te ha de ver esta gente.

Comendador   ¡Ah, cruel sierpe de Libia!
Pues aunque gaste mi hacienda,
mi honor, mi sangre y mi vida,
he de rendir tus desdenes,
tengo de vencer tus iras.

(Vanse el Comendador [Luján y Leonardo].)

Bartolo   Yérguete cedo, Chaparro,
que viene a gran prisa el día.

Chaparro   Ea, Helipe, que es muy tarde.

Helipe   Pardiez, Bartol, que se miran
                  todos los montes bañados
                  de blanca luz por encima.

Llorente   Seguidme todos, amigos,
                  porque muesama no diga
                  que porque muesamo falta
                  andan las hoces baldías.

(Entren todos relinchando. Salen Peribáñez, y el pintor y Antón.)

Peribáñez   Entre las tablas que vi
                  de devoción o retratos,
                  adonde menos ingratos
                  los pinceles conocí,
                  una he visto que me agrada
                  o porque tiene primor,
                  o porque soy labrador
                  y lo es también la pintada.
                  Y pues ya se concertó
                  el aderezo del santo,
                  reciba yo favor tanto
                  que vuelva a mirarla yo.

Pintor   Vos tenéis mucha razón,
                  que es bella la labradora.

Peribáñez   Quitalda del clavo ahora,
                  que quiero enseñarla a Antón.

Antón   Ya la vi, mas, si queréis,
                  también holgaré de vella.

Peribáñez   Id, por mi vida, por ella.

Pintor   Yo voy.

(Vase.)

Peribáñez   Un ángel veréis.

Antón   Bien sé yo por qué miráis
                   la villana con cuidado.

Peribáñez   Solo el traje me le ha dado,
                   que en el gusto os engañáis.

Antón   Pienso que os ha parecido
                   que parece a vuestra esposa.

Peribáñez   ¿Es Casilda tan hermosa?

Antón   Pedro, vos sois su marido,
                   a vos os está más bien
                   alaballa que no a mí.

(Sale el pintor con el retrato de Casilda, grande.)

Pintor   La labradora está aquí.

Peribáñez (Aparte.)   (Y mi deshonra también.)

Pintor   ¿Qué os parece?

Peribáñez   Que es notable.
                   ¿No os agrada, Antón?

Antón

                Es cosa
a vuestros ojos hermosa
y a los del mundo admirable.

Peribáñez

Id, Antón, a la posada
y ensillad mientras que voy.

Antón (Aparte.)

(Puesto que ignorante soy,
Casilda es la retratada,
y el pobre de Pedro está
abrasándose de celos.)
Adiós.

(Vase Antón.)

Peribáñez

             No han hecho los cielos
cosa, señor, como ésta.
¡Bellos ojos! ¡Linda boca!
¿De dónde es esta mujer?

Pintor

No acertarla a conocer
a imaginar me provoca
que no está bien retratada—
porque dónde vos nació.

Peribáñez

¿En ócaña?

Pintor

             Sí.

Peribáñez

             Pues yo
conozco una desposada
a quien algo se parece.

Pintor

Yo no sé quién es, mas sé
que a hurto la retraté,
no como agora se ofrece,
mas en un naipe. De allí
a este lienzo la he pasado.

Peribáñez

Ya sé quién la ha retratado.
Si acierto, ¿diréislo?

Pintor

              Sí.

Peribáñez

El Comendador de Ocaña.

Pintor

Por saber que ella no sabe
el amor de hombre tan grave,
que es de lo mejor de España,
me atrevo a decir que es él.

Peribáñez

Luego, ¿ella no es sabidora?

Pintor

Como vos antes de agora;
antes, por ser tan fiel,
tanto trabajo costó
el poderla retratar.

Peribáñez

¿Queréismela a mi fiar,
y llevársela yo?

Pintor

No me han pagado el dinero.

Peribáñez

Yo os daré todo el valor.

Pintor

Temo que el Comendador
se enoje, y mañana espero

un lacayo suyo aquí.

Peribáñez

Pues, ¿sábelo ese lacayo?

Pintor

Anda veloz como un rayo
por rendirla.

Peribáñez

                         Ayer le vi,
y le quise conocer.

Pintor

¿Mandáis otra cosa?

Peribáñez

              En tanto
que nos reparáis el santo,
tengo de venir a ver
mil veces este retrato.

Pintor

Como fuéredes servido.
Adiós.

(Vase el pintor.)

Peribáñez

              ¿Qué he visto y oído
cielo airado, tiempo ingrato?
Mas si de este falso trato
no es cómplice mi mujer,
¿cómo doy a conocer
mi pensamiento ofendido?
Porque celos de marido
no se han de dar a entender.
Basta que el Comendador
a mi mujer solicita,
basta que el honor me quita,
debiéndome dar honor.

Soy vasallo, es mi señor,
vivo en su amparo y defensa;
si en quitarme el honor piensa,
quitarélo yo la vida.
que la ofensa acometida
ya tiene fuerza de ofensa.
Erré en casarme, pensado
que era una hermosa mujer
toda la vida un placer
que estaba el alma pasando;
pues no imaginé que, cuando
la riqueza poderosa
me la mirara envidiosa,
la codiciara también.
¡Mal haya el humilde, amén,
que busca mujer hermosa!
Don Fadrique me retrata
a mi mujer, luego ya
haciendo dibujo está
contra el honor que me mata.
Si pintada me maltrata
la honra, es cosa forzosa
que venga a estar peligrosa
la verdadera también.
¡Mal haya el humilde, amén,
que busca mujer hermosa!
Mal lo miró mi humildad
en buscar tanta hermosura,
mas la virtud asegura
la mayor dificultad.
Retirarme a mi heredad
es dar puerta vergonzosa
a quien cuanto escucha glosa
y trueca en mal todo el bien.

¡Mal haya el humilde, amén,
que busca mujer hermosa!
Pues, también salir de Ocaña
es el mismo inconveniente,
y mi hacienda no consiente
que viva por tierra extraña.
¡Cuánto me ayuda me daña!
Pero hablaré con mi esposa,
aunque es ocasión odiosa
pedirle celos también.
¡Mal haya el humilde, amén,
que busca mujer hermosa!

(Vase. Salen Leonardo y el Comendador.)

Comendador   Por esta casta, como digo, manda
su majestad, Leonardo que le envíe
de Ocaña y de su tierra alguna gente.

Leonardo   ¡Y qué piensas hacer?

Comendador   Que se echen bandos
y que se alisten de valientes mozos
hasta doscientos hombres, repartidos
en dos lucida compañías, ciento
de gente labradora y ciento hidalgos.

Leonardo   ¿Y no será mejor hidalgos todos?

Comendador   No caminas al paso de mi intento,
y así vas lejos de mi pensamiento.
De estos cien labradores hacer quiero
cabeza y capitán a Peribáñez,
y con esta invención tenelle ausente.

Leonardo   ¡Extrañas cosas piensan los amantes!

Comendador   Amor es guerra y cuanto piensa, ardides.
                 ¿Si habrá venido ya?

Leonardo   Luján me dijo
                 que a comer le esperaban y que estaba
                 Casilda llena de congoja y miedo.
                 Supe después de Inés que no diría
                 cosa de lo pasado aquella noche
                 y que, de acuerdo de las dos, pensaba
                 disimular, por no causarle pena;
                 a que, viéndola triste y afligida,
                 no se atreviese a declarar su pecho,
                 lo que después para servirte haría.

Comendador   ¡Rigurosa mujer! ¡Maldiga el cielo
                 el punto en que caí, pues no he podido
                 desde entonces, Leonardo, levantarme
                 de los umbrales de su puerta!

Leonardo   Calla,
                 que más fuerte era Troya y la conquista
                 derribó sus murallas por el suelo.
                 Son estas labradoras encogidas
                 y, por hallarse indignas, las más veces
                 niegan, señor, lo mismo que desean.
                 Ausenta a su marido honradamente,
                 que tú verás el fin de tu deseo.

Comendador   Quiéralo mi ventura, que te juro
                 que, habiendo sido en tantas ocasiones
                 tan animoso como sabe el mundo,

en ésta voy con un temor notable.

Leonardo   Bueno será saber si Pedro viene.

Comendador   Parte, Leonardo, y de tu Inés te informa,
sin que pases la calle ni levantes
los ojos a ventana o puerta suya.

Leonardo   Exceso es ya tan gran desconfianza,
porque ninguno amó sin esperanza.

(Vase Leonardo.)

Comendador   Cuentan de un Rey que a un árbol adoraba,
y que un mancebo a un mármol asistía,
a quien, sin dividirse noche y día,
sin amores y quejas le contaba.
Pero el que un tronco y una piedra amaba,
más esperanza de su bien tenía,
pues, en fin, acercársele podía,
y a hurto de la gente le abrazaba.
¡Mísero yo, que adoro en otro muro
colgada aquella ingrata y verde hiedra,
cuya dureza enternecer procuro!
Tal es el fin que mi esperanza medra;
mas, pues que de morir estoy seguro,
¡plega al amor que te convierta en piedra!

(Vase. Salen Peribáñez y Antón.)

Peribáñez   Vos os podéis ir, Antón,
a vuestra casa, que es justo.

Antón   Y vos, ¿no fuera razón?

Peribáñez   Ver mis segadores gusto,
               pues llego a buena ocasión.
               que la haza cae aquí.

Antón   ¿Y no fuera mejor haza
               vuestra Casilda?

Peribáñez   Es así,
               pero quiero darles traza
               de lo que han de hacer, por mí.
               Id a ver vuesa mujer,
               y a la mía así de paso
               decid que me quedo a ver
               nuestra hacienda.

Antón (Aparte.)   (¡Extraño caso!
               No quiero darle a entender
               que entiendo su pensamiento.)
               Quedad con Dios.

(Vase Antón.)

Peribáñez   Él os guarde.
               Tanta es la afrenta que siento,
               que solo por entrar tarde
               hice aqueste fingimiento.
               ¡Triste yo! Si no es culpada
               Casilda, ¿por qué rehúyo
               el verla? ¡Ay mi prenda amada!
               Para tu gracia atribuyo
               mi fortuna desgraciada.
               Si tan hermosa no fueras,
               claro está que no le dieras

al señor Comendador
causa de tan loco amor.
Estos son mi trigo y eras.
¡Con qué diversa alegría,
oh campos, pensé miraros
cuando contento vivía!
Porque viniendo a sembraros,
otra esperanza tenía.
Con alegre corazón
pensé de vuestras espigas
henchir mis trojes, que son
agora eternas fatigas
de mi perdida opinión.

(Voces.)   Mas quiero disimular,
que ya sus relinchos siento.
Oírlos quiero cantar,
porque en ajeno instrumento
comienza el alma a llorar.

(Dentro grita como que siegan.)

Mendo   Date más priesa, Bartol,
mira que la noche baja,
y se va a poner el Sol.

Bartolo   Bien cena quien bien trabaja,
dice el refrán español.

Llorente   Échote una pulla, Andrés:
que te bebas media azumbre.

Chaparro   Échame otras dos, Ginés.

Peribáñez   Todo me da pesadumbre,

todo mi desdicha es.

Mendo

Canta, Llorente, el cantar
de la mujer de muesamo.

Peribáñez

¿Qué tengo más que esperar?
La vida, cielos, desamo.
¿Quién me la quiere quitar?

(Canta un segador.)

Segador

«La mujer de Peribáñez
hermosa es a maravilla;
el Comendador de Ocaña
de amores la requería.
La mujer es virtuosa
cuanto hermosa y cuanto linda;
mientras Pedro está en Toledo
de esta suerte respondía:
Más quiero yo a Peribáñez
con su capa la pardilla,
que no a vos, Comendador,
con la vuesa guarnecida.»

Peribáñez

Notable aliento he cobrado
con oír esta canción,
porque lo que ésta ha cantado
las mismas verdades son
que en mi ausencia habrán pasado.
¡Oh cuánto le debe al cielo
quien tiene buena mujer!
Que el jornal dejan, recelo.
Aquí me quiero esconder.
¡Ojalá se abriera el suelo!

Que aunque en gran satisfacción,
Casilda, de ti me pones,
pena tengo con razón,
porque honor que anda en canciones
tiene dudosa opinión.

(Vase. Salen Inés y Casilda.)

Casilda   ¿Tú me habías de decir
                 desatino semejante?

Inés   Deja que pase adelante.

Casilda   Ya, ¿cómo te puedo oír?

Inés   Prima, no me has entendido,
                 y este preciarte de amar
                 a Pedro te hace pensar
                 que ya está Pedro ofendido.
                 Lo que yo te digo a ti
                 es cosa que a mí me toca.

Casilda   ¿A ti?

Inés   Sí.

Casilda   Yo estaba loca.
                 Pues si a ti te toca, di.

Inés   Leonardo, aquel caballero
                 del Comendador, me ama
                 y por su mujer me quiere.

Casilda   Mira, prima, que te engaña.

Inés

Yo sé, Casilda, que soy
su misma vida.

Casilda

                 Repara
que son sirenas los hombres,
que para matarnos cantan.

Inés

Yo tengo cédula suya.

Casilda

Inés, plumas y palabras
todas se las lleva el viento.
Muchas damas tiene Ocaña
con ricos dotes, y tú
ni eres muy rica ni hidalga.

Inés

Prima, si con el desdén
que agora comienzas, tratas
al señor Comendador,
falsas son mis esperanzas,
todo mi remedio impides.

Casilda

¿Ves, Inés, cómo te engañas,
pues por que me digas eso
quiere fingir que te ama?

Inés

Hablar bien no quita honor,
que yo no digo que salgas
a recibirle a la puerta
ni a verle por la ventana.

Casilda

Si te importara la vida,
no le mirara la cara.
Y advierte que no le nombres,

o no entres más en mi casa,
que del ver viene el oír,
y de las locas palabras
vienen las infames obras.

(Peribáñez con una alforjas en las manos.)

Peribáñez   ¡Esposa!

Casilda   ¡Luz de mi alma!

Peribáñez   ¿Estás buena?

Casilda   Estoy sin ti.
¿Vienes bueno?

Peribáñez   El verte basta
para que salud me sobre.
¡Prima!

Inés   ¡Primo!

Peribáñez   ¿Qué me falta,
si juntas os veo?

Casilda   Estoy
a nuestra Inés obligada,
que me ha hecho compañía
lo que has faltado de Ocaña.

Peribáñez   A su casamiento rompas
dos chinelas argentadas,
y yo los zapatos nuevos
que siempre en bodas se calzan.

Casilda   ¿Qué me traes de Toledo?

Peribáñez   Deseos, que por ser carga
                   tan pesada, no he podido
                   traerte joyas ni galas.
                   Con todo, te traigo aquí
                   para esos pies, que bien hayan,
                   unas chinelas abiertas
                   que abrochan cintas de nácar.
                   Traigo más: seis tocas rizas,
                   y para prender las sayas
                   dos cintas de vara y media
                   con sus herretes de plata.

Casilda   Mil años te guarde el cielo.

Peribáñez   Sucedióme una desgracia,
                   que a la fe que fue milagro
                   llegar con vida a mi casa.

Casilda   ¡Ay, Jesús! Toda me turbas.

Peribáñez   Caí de unas cuestas altas
                   sobre una piedras.

Casilda   ¿Qué dices?

Peribáñez   Que si no me encomendara
                   al santo en cuyo servicio
                   caí de la yegua baya,
                   a estas horas estoy muerto.

Casilda   Toda me tienes helada.

Peribáñez   Prometíle la mejor
             prenda que hubiese en mi casa
             para honor de su capilla,
             y así quiero que mañana
             quiten estos reposteros
             que nos harán poca falta,
             y cuelguen en las paredes
             de aquella su ermita santa
             en justo agradecimiento.

Casilda   Si fueran paños de Francia,
             de oro, seda, perlas, piedras,
             no replicara palabra.

Peribáñez   Pienso que nos está bien
             que no están en nuestra casa
             paños con armas ajenas;
             no murmuren en Ocaña
             que un villano labrador
             cerca su inocente cama
             de paños comendadores
             llenos de blasones y armas.
             Timbre y plumas no están bien
             entre el arado y la pala,
             bieldo, trillo y azadón,
             que en nuestras pareces blancas
             no han de estar cruces de seda,
             sino de espigas y pajas
             con algunas amapolas,
             manzanillas y retamas.
             Yo, ¿qué moros he vencido
             para castillos y bandas?
             Fuera de que solo quiero

que haya imágenes pintadas:
la Anunciación, la Asunción,
San Francisco con sus llagas,
San Pedro mártir, San Blas
contra el mal de la garganta,
San Sebastián y San Roque,
y otras pinturas sagradas,
que retratos es tener
en las pareces fantasmas.
Uno vi yo, que quisiera...
Pero no quisiera nada.
Vamos a cenar, Casilda,
y apercíbanme la cama.

Casilda

¿No estás bueno?

Peribáñez

Bueno estoy.

(Sale Luján.)

Luján

Aquí un criado te aguarda
del Comendador.

Peribáñez

¿De quién?

Luján

Del Comendador de Ocaña.

Peribáñez

Pues, ¿qué me quiere a estas horas?

Luján

Eso sabrás si le hablas.

Peribáñez

¿Eres tú aquel segador
que anteayer entró en mi casa?

Luján	¿Tan presto me desconoces?
Peribáñez	Donde tantos hombres andan, no te espantes.
Luján (Aparte.)	(Malo es esto.)
Inés (Aparte.)	(Con muchos sentidos habla.)
Peribáñez (Aparte.)	(¿El Comendador a mí? ¡Ay, honra, al cuidado ingrata! Si eres vidrio, al mejor vidrio cualquiera golpe le basta.)

Fin de la segunda jornada

Jornada tercera

(Salen el Comendador y Leonardo.)

Comendador

      Cuéntame, Leonardo, breve
lo que ha pasado en Toledo.

Leonardo

Lo que referirte puedo,
puesto que a ceñirlo pruebe
en las más breves razones,
quiere más paciencia.

Comendador

      Advierte
que soy un sano a la muerte,
y qué remedios me pones.

Leonardo

El rey Enrique el Tercero,
que hoy Justiciero llaman,
porque Catón y Aristides
en la equidad no le igualan,
el año de cuatrocientos
y seis sobre mil estaba
en la villa de Madrid,
donde le vinieron cartas,
que, quebrándole las treguas
el Rey moro de Granada,
no queriéndole volver
por promesas y amenazas
el castillo de Ayamonte,
ni menos pagarle parias,
determinó hacerle guerra;
y para que la jornada
fuese como convenía
a un Rey el mayor de España,

y le ayudasen sus deudos
de Aragón y de Navarra,
juntó cortes en Toledo,
donde al presente se hallan
prelados y caballeros,
villas y ciudades varias.
Digo sus procuradores,
donde en su real alcázar
la disposición de todo
con justos acuerdos tratan
el obispo de Sigüenza,
que la insigne iglesia santa
rige de Toledo agora,
porque está su silla vaca
por la muerte de don Pedro
Tenorio, varón de fama;
el obispo de Palencia,
don Sancho de Rojas, clara
imagen de sus pasados,
y que el de Toledo aguarda;
don Pablo el de Cartagena,
a quien ya a Burgos señalan;
el gallardo don Fadrique,
hoy conde de Trastamara,
aunque ya duque de Arjona
toda la corte le llama,
y don Enrique Manuel,
primos del Rey, que bastaban,
no de Granada, de Troya
ser incendio sus espadas;
Ruy López de Ávalos, grande
por la dicha y por las armas,
Condestable de Castilla,
alta gloria de su casa,

el Camarero mayor
del Rey, por sangre heredada
y virtud propia, aunque tiene
también de quién heredarla,
por Juan de Velasco digo,
digno de toda alabanza;
don Diego López de Estúñiga,
que Justicia mayor llaman;
y el mayor Adelantado
de Castilla, de quien basta
decir que es Gómez Manrique,
de cuyas historias largas
tienen Granada y Castilla
cosas tan raras y extrañas;
los oidores del Audiencia
del Rey y que el reino amparan:
Pero Sánchez del Castillo,
Rodríguez de Salamanca,
Periáñez...

Comendador   Detente.
¿Qué Periáñez? Aguarda,
que la sangre se me hiela
con ese nombre.

Leonardo   ¡Oh qué gracia!
Háblote de los oidores
del Rey y del que se llama
Peribáñez, imaginas
que es el labrador de Ocaña.

Comendador   Si hasta agora te pedía
la relación y la causa
de la jornada del Rey,

ya no me atrevo a escucharla.
Eso ¿todo se resuelve
en que el Rey hace jornada
con lo mejor de Castilla
a las fronteras que guardan,
con favor del granadino,
los que le niegan las parias?

Leonardo   Eso es todo.

Comendador   Pues advierte
(no lo que me es de importancia),
que mientras fuiste a Toledo
tuvo ejecución la traza.
Con Peribáñez hablé,
y le dije que gustaba
de nombralle capitán
de cien hombres de labranza,
y que se pusiese a punto.
Parecióle que le honraba,
como es verdad, a no ser
honra aforrada en infamia.
Quiso ganarla en efeto,
gastó su hacendilla en galas,
y sacó su compañía
ayer, Leonardo, a la plaza,
y hoy, según Luján me ha dicho,
con ella a Toledo marcha.

Leonardo   ¡Buena te deja a Casilda,
tan villana y tan ingrata
como siempre!

Comendador   Sí, mas mira

que amor en ausencia larga
hará el efeto que suele
en piedra el curso del agua.

(Tocan cajas.)

Leonardo   Pero ¿qué cajas son estas?

Comendador   No dudes que son sus cajas.
                  Tu alférez trae los hidalgos.
                  Toma, Leonardo, tus armas,
                  por que mejor le engañemos,
                  para que a la vista salgas
                  también con tu compañía.

Leonardo   Ya llegan. Aquí me aguarda.

(Vase Leonardo. Entra una compañía de labradores, armados graciosamente,
y detrás Peribáñez con espada y daga.)

Peribáñez   No me quise despedir
                  sin ver a su señoría.

Comendador   Estimo la cortesía.

Peribáñez   Yo os voy, señor, a servir.

Comendador   Decid al Rey mi señor.

Peribáñez   Al Rey y a vos...

Comendador   Está bien.

Peribáñez   ...que al Rey es justo, y también

a vos, por quien tengo honor;
que yo, ¿cuándo mereciera
ver mi azadón y gabán
con nombre de capitán,
con jineta y con bandera
del Rey, a cuyos oídos
mi nombre llegar no puede
porque su estatura excede
todos mis cinco sentidos?
Guárdeos muchos años Dios.

Comendador   Y os traiga, Pedro, con bien.

Peribáñez   ¿Vengo bien vestido?

Comendador   Bien.
No hay diferencia en los dos.

Peribáñez   Sola una cosa querría.
No sé si a vos os agrada.

Comendador   Decid, a ver.

Peribáñez   Que la espada
me ciña su señoría,
para que así vaya honrado.

Comendador   Mostrad, haréos caballero,
que de esos bríos espero,
Pedro, un valiente soldado.

Peribáñez   ¡Pardiez, señor, hela aquí!
Cíñamela su mercé.

Comendador

Esperad, os la pondré,
por que la llevéis por mí.

Belardo

Híncate, Blas, de rodillas;
que le quieren her hidalgo.

Blas

Pues ¿quedará falto en algo?

Belardo

En mucho, si no te humillas.

Blas

    Belardo, vos, que sois viejo,
¿hanle de dar con la espada?

Belardo

Yo de mi burra manchada,
de su albarda y aparejo
entiendo más que de armar
caballeros de Castilla.

Comendador

Ya os he puesto la cuchilla.

Peribáñez

¿Qué falta agora?

Comendador

    Jurar
que a Dios, supremo Señor,
y al Rey serviréis con ella.

Peribáñez

Eso juro, y de traella
en defensa de mi honor,
del cual, pues voy a la guerra,
adonde vos me mandáis,
ya por defensa quedáis,
como señor desta tierra.
Mi casa y mujer, que dejo
por vos, recién desposado,

remito a vuestro cuidado
cuando de los dos me alejo.
Esto os fío, porque es más
que la vida con quien voy;
que, aunque tan seguro estoy
que no la ofendan jamás,
gusto que vos la guardéis,
y corra por vos, a efeto
de que, como tan discreto,
lo que es el honor sabéis;
que con él no se permite
que hacienda y vida se iguale,
y quien sabe lo que vale,
no es posible que le quite.
Vos me ceñistes espada,
con que ya entiendo de honor,
que antes yo pienso, señor,
que entendiera poco o nada.
Y pues iguales los dos
con este honor me dejáis,
mirad cómo le guardáis,
o quejaréme de vos.

Comendador   Yo os doy licencia, si hiciere
en guardalle deslealtad,
que de mí os quejéis.

Peribáñez   Marchad,
y venga lo que viniere.

(Entra, marchando detrás con graciosa arrogancia.)

Comendador   Algo confuso me deja
el estilo con que habla,

porque parece que entabla
o la venganza o la queja.
Pero es que, como he tenido
el pensamiento culpado,
con mi malicia he juzgado
lo que su inocencia ha sido.
Y cuando pudiera ser
malicia lo que entendí,
¿dónde ha de haber contra mí
en un villano poder?
Esta noche has de ser mía,
villana rebelde, ingrata,
por que muera quien me mata
antes que amanezca el día.

(Entra. En lo alto Costanza y Casilda e Inés.)

Costanza   En fin ¿se ausenta tu esposo?

Casilda   Pedro a la guerra se va,
que en la que me deja acá
pudiera ser más famoso.

Inés   Casilda, no te enternezcas,
que el nombre de capitán
no comoquiera le dan.

Casilda   ¡Nunca estos nombres merezcas!

Costanza   A fe que tiene razón
Inés, que entre tus iguales
nunca he visto cargos tales,
porque muy de hidalgos son.
Demás que tengo entendido

que a Toledo solamente
ha de llegar con la gente.

Casilda   Pues si eso no hubiera sido,
¿quedárame vida a mí?

Inés   La caja suena. ¿Si es él?

Costanza   De los que se van con él
ten lástima, y no de ti.

(La caja y Peribáñez, bandera, soldados.)

Belardo   Véislas allí en el balcón,
que me remozo de vellas;
mas ya no soy para ellas,
ni ellas para mí no son.

Peribáñez   ¿Tan viejo estáis ya, Belardo?

Belardo   El gusto se acabó ya.

Peribáñez   Algo dél os quedará
bajo del capote pardo.

Belardo   ¡Pardiez, señor capitán,
tiempo hue que al Sol y al aire
solía hacerme donaire,
ya pastor, ya sacristán!
Cayó un año mucha nieve,
y como lo rucio vi,
a la Iglesia me acogí.

Peribáñez   ¿Tendréis tres dieces y un nueve?

Belardo   Esos y otros tres decía
                           un aya que me criaba,
                           mas pienso que se olvidaba.
                           ¡Poca memoria tenía!
                           Cuando la Cava nació
                           me salió la primer muela.

Peribáñez   ¿Ya íbades a la escuela?

Belardo   Pudiera juraros yo
                           de lo que entonces sabía,
                           pero mil dan a entender
                           que apenas supe leer,
                           y es lo más cierto, a fe mía;
                           que como en gracia se lleva
                           danzar, cantar o tañer,
                           yo sé escribir sin leer,
                           que a fe que es gracia bien nueva.

Casilda   ¡Ah gallardo capitán
                           de mis tristes pensamientos!

Peribáñez   ¡Ah dama la del balcón,
                           por quien la bandera tengo!

Casilda   ¿Vaisos de Ocaña, señor?

Peribáñez   Señora, voy a Toledo
                           a llevar estos soldados
                           que dicen que son mis celos.

Casilda   Si soldados los lleváis,
                           ya no ternéis pena dellos,

que nunca el honor quebró
en soldándose los celos.

<table>
<tr><td>Peribáñez</td><td>

No los llevo tan soldados
que no tenga mucho miedo,
no de vos, mas de la causa
por quien sabéis que los llevo.
Que si celos fueran tales
que yo los llamara vuestros,
ni ellos fueran donde van,
ni yo, señora, con ellos.
La seguridad, que es paz
de la guerra en que me veo,
me lleva a Toledo, y fuera
del mundo al último estremo.
A despedirme de vos
vengo y a decir que os dejo
a vos de vos misma en guarda,
porque en vos y con vos quedo,
y que me deis el favor
que a los capitanes nuevos
suelen las damas que esperan
de su guerra los trofeos.
¿No parece que ya os hablo
a lo grave y caballero?
¡Quién dijera que un villano
que ayer al rastrojo seco
dientes menudos ponía
de la hoz corva de acero,
los pies en las tintas uvas,
rebosando el mosto negro
por encima del lagar,
o la tosca mano al hierro
del arado, hoy os hablara
</td></tr>
</table>

en lenguaje soldadesco,
con plumas de presunción
y espada de atrevimiento!
Pues sabed que soy hidalgo
y que decir y hacer puedo,
que el Comendador, Casilda,
me la ciñó, cuando menos.
Pero este menos, si el cuando
viene a ser cuando sospecho,
por ventura será más,
que yo no menos bueno.

Casilda   Muchas cosas me decís
en lengua que ya no entiendo;
el favor sí, que yo sé
que es bien debido a los vuestros.
Mas ¿qué podrá una villana
dar a un capitán?

Peribáñez   No quiero
que os tratéis así.

Casilda   Tomad,
mi Pedro, este listón negro.

Peribáñez   ¿Negro me lo dais, esposa?

Casilda   Pues ¿hay en la guerra agüeros?

Peribáñez   Es favor desesperado;
promete luto o destierro.

Blas   Y vos, señora Costanza,
¿no dais por tantos requiebros

alguna prenda a un soldado?

Costanza   Bras, esa cinta de perro,
aunque tú vas donde hay tantos,
que las podrás hacer dellos.

Blas   ¡Plega a Dios que los moriscos
las hagan de mi pellejo
si no dejaré matados
cuantos me fueren huyendo!

Inés   ¿No pides favor, Belardo?

Belardo   Inés, por soldado viejo,
ya que no por nuevo amante,
de tus manos le merezco.

Inés   Tomad aqueste chapín.

Belardo   No, señora, deteneldo,
que favor de chapinazo,
desde tan alto, no es bueno.

Inés   Traedme un moro, Belardo.

Belardo   Días ha que ando tras ellos.
Mas, si no viniere en prosa,
desde aquí le ofrezco en verso.

(Leonardo, capitán, caja y bandera y compañía de hidalgos.)

Leonardo   Vayan marchando, soldados,
con el orden que decía.

Inés

    ¿Qué es esto?

Costanza

        La compañía
de los hidalgos cansados.

Inés

    Más lucidos han salido
nuestros fuertes labradores.

Costanza

    Si son las galas mejores,
los ánimos no lo han sido.

Peribáñez

    ¡Hola! Todo hombre esté en vela
y muestre gallardos bríos.

Belardo

    ¡Que piensen estos judíos
que nos mean la pajuela!
Déles un gentil barzón
muesa gente por delante.

Peribáñez

    ¡Hola! Nadie se adelante,
siga a ballesta lanzón.

(Va una compañía alrededor de la otra, mirándose.)

Blas

        Agora es tiempo, Belardo,
de mostrar brío.

Belardo

               Callad,
que a la más caduca edad
suple un ánimo gallardo.

Leonardo

    ¡Basta que los labradores
compiten con los hidalgos!

Belardo   Estos huirán como galgos.

Blas   No habrá ciervos corredores
                   como éstos, en viendo un moro,
                   y aun basta oírlo decir.

Belardo   Ya los vi a todos huir
                   cuando corrimos el toro.

(Entran los labradores.)

Leonardo   Ya se han traspuesto. ¡Ce! ¡Inés!

Inés   ¿Eres tú, mi capitán?

Leonardo   ¿Por qué tus primas se van?

Inés   ¿No sabes ya por lo que es?
                   Casilda es como una roca.
                   Esta noche hay mal humor.

Leonardo   ¿No podrá el Comendador
                   verla un rato?

Inés   Punto en boca,
                   que yo le daré lugar
                   cuando imagine que llega
                   Pedro a alojarse.

Leonardo   Pues ciega,
                   si me quieres obligar,
                   los ojos desta mujer,
                   que tanto mira su honor,
                   porque está el Comendador

para morir desde ayer.

Inés

Dile que venga a la calle.

Leonardo

¿Qué señas?

Inés

Quien cante bien.

Leonardo

Pues adiós.

Inés

¿Vendrás también?

Leonardo

Al alférez pienso dalle
estos bravos españoles,
y yo volverme al lugar.

Inés

Adiós.

Leonardo

Tocad a marchar,
que ya se han puesto dos soles.

(Vanse. El Comendador en casa, con ropa, y Luján, lacayo.)

Comendador

En fin, ¿le viste partir?

Luján

Y en una yegua marchar,
notable para alcanzar
y famosa para huir.
Si vieras cómo regía
Peribáñez sus soldados,
te quitara mil cuidados.

Comendador

Es muy gentil compañía,
pero a la de su mujer

tengo más envidia yo.

Luján   Quien no siguió, no alcanzó.

Comendador   Luján, mañana a comer
en la ciudad estarán.

Luján   Como esta noche alojaren.

Comendador   Yo te digo que no paren
soldados ni capitán.

Luján   Como es gente de labor,
y es pequeña la jornada,
y va la danza engañada
con el son del atambor,
no dudo que sin parar
vayan a Granada así.

Comendador   ¿Cómo pasará por mí
el tiempo que ha de tardar
desde aquí hasta las diez?

Luján   Ya son
casi las nueve. No seas
tan triste, que cuando veas
el cabello a la Ocasión,
pierdas el gusto esperando;
que la esperanza entretiene.

Comendador   Es, cuando el bien se detiene,
esperar desesperando.

Luján   Y Leonardo, ¿ha de venir?

Comendador

¿No ves que el concierto es
que se case con Inés,
que es quien la puerta ha de abrir?

Luján

¿Qué señas ha de llevar?

Comendador

Unos músicos que canten.

Luján

¿Cosa que la caza espanten?

Comendador

Antes nos darán lugar
para que con el ruido
nadie sienta lo que pasa
de abrir ni cerrar la casa.

Luján

Todo está bien prevenido.
Mas dicen que en un lugar
una parentela toda
se juntó para una boda,
ya a comer y ya a bailar.
Vino el cura y desposado,
la madrina y el padrino,
y el tamboril también vino
con un salterio extremado.
Mas dicen que no tenían
de la desposada el sí,
porque decía que allí
sin su gusto la traían.
Junta pues la gente toda,
el cura le preguntó,
dijo tres veces que no,
y deshízose la boda.

Comendador   ¿Quieres decir que nos falta
                        entre tantas prevenciones
                        el sí de Casilda?

Luján   Pones
                        el hombro a empresa muy alta
                        de parte de su dureza
                        y era menester el sí.

Comendador   No va mal trazado así;
                        que su villana aspereza
                        no se ha de rendir por ruegos;
                        por engaños ha de ser.

Luján   Bien puede bien suceder,
                        mas pienso que vamos ciegos.

(Salen un criado y los músicos.)

Paje   Los músicos han venido.

Músico 1   Aquí, señor, hasta el día,
                        tiene vuesa señoría
                        a Lisardo y a Leonido.

Comendador   ¡Oh amigos! Agradeced
                        que este pensamiento os fío,
                        que es de honor y, en fin, es mío.

Músico 2   Siempre nos haces merced.

Comendador   ¿Dan las once?

Luján   Una, dos, tres...

No dio más.

Músico 2   Contaste mal.
Ocho eran dadas.

Comendador   ¿Hay tal?
¡Que aun de mala gana des
las que da el reloj de buena!

Luján   Si esperas que sea más tarde,
las tres cuento.

Comendador   No hay qué aguarde.

Luján   Sosiégate un poco, y cena.

Comendador   ¡Mala Pascua te dé Dios!
¿Que cene dices?

Luján   Pues bebe
siquiera.

Comendador   ¿Hay nieve?

Paje   No hay nieve.

Comendador   Repartilda entre los dos.

Paje   La capa tienes aquí.

Comendador   Muestra. ¿Qué es esto?

Paje   Bayeta.

Comendador

Cuanto miro me inquieta.
Todos se burlan de mí.
¡Bestias! ¿De luto? ¿A qué efeto?

Paje

¿Quieres capa de color?

Luján

Nunca a las cosas de amor
va de color el discreto.
Por el color se dan señas
de un hombre en un tribunal.

Comendador

Muestra color, animal.
¿Sois criados o sois dueñas?

Paje

Ves aquí color.

Comendador

        Yo voy,
Amor, donde tú me guías.
Da una noche a tantos días
como en tu servicio estoy.

Luján

¿Iré yo contigo?

Comendador

        Sí,
pues que Leonardo no viene.
Templad, para ver si tiene
templanza este fuego en mí.

(Entran. Sale Peribáñez.)

Peribáñez

¡Bien haya el que tiene bestia
destas de huir y alcanzar,
con que puede caminar
sin pesadumbre y molestia!

Alojé mi compañía,
y con ligereza extraña
he dado la vuelta a Ocaña.
Oh, cuán bien decir podría:
¡Oh caña, la del honor!
Pues que no hay tan débil caña
como el honor a quien daña
de cualquier viento el rigor.
¡Caña de honor quebradiza,
caña hueca y sin sustancia,
de hojas de poca importancia
con que su tronco entapiza!
¡Oh caña, toda aparato,
caña fantástica y vil,
para quebrada sutil,
y verde tan breve rato!
Caña compuesta de nudos,
y honor al fin dellos lleno,
solo para sordos bueno
y para vecinos mudos.
Aquí naciste en Ocaña
conmigo al viento ligero;
yo te cortaré primero
que te quiebres, débil caña.
No acabo de agradecerme
el haberte sustentado,
yegua, que con tal cuidado
supiste a Ocaña traerme.
¡Oh, bien haya la cebada
que tantas veces te di!
Nunca de ti me serví
en ocasión más honrada.
Agora el provecho toco,
contento y agradecido.

Otras veces me has traído,
pero fue pesando poco,
que la honra mucho alienta;
y que te agradezca es bien
que hayas corrido tan bien
con la carga de mi afrenta.
Préciese de buena espada
y de buena cota un hombre,
del amigo de buen nombre
y de opinión siempre honrada,
de un buen fieltro de camino
y de otras cosas así,
que una bestia es para mí
un socorro peregrino.
¡Oh yegua! ¡En menos de un hora
tres leguas! Al viento igualas,
que si le pintan con alas,
tú las tendrás desde agora.
Ésta es la casa de Antón,
cuyas paredes confinan
con las mías, que ya inclinan
su peso a mi perdición.
Llamar quiero, que he pensado
que será bien menester.
¡Ah de la casa!

(Dentro Antón.)

Antón   ¡Hola mujer!
              ¿No os parece que han llamado?

Peribáñez   ¡Peribáñez!

Antón   ¿Quién golpea

a tales horas?

Peribáñez   Yo soy,
          Antón.

Antón   Por la voz ya voy,
          aunque lo que fuere sea.

[Sale Antón.]

          ¿Quién es?

Peribáñez   Quedo, Antón, amigo;
          Peribáñez soy.

Antón   ¿Quién?

Peribáñez   Yo,
          a quien hoy el cielo dio
          tan grave y cruel castigo.

Antón   Vestido me eché a dormir
          porque pensé madrugar;
          ya me agradezco el no estar
          desnudo. ¿Puedoos servir?

Peribáñez   Por vuesa casa, mi Antón,
          tengo de entrar en la mía,
          que ciertas cosas de día
          sombras por la noche son.
          Ya sospecho que en Toledo
          algo entendiste de mí.

Antón   Aunque callé, lo entendí.

Pero aseguraros puedo
que Casilda...

Peribáñez

No hay que hablar.
Por ángel tengo a Casilda.

Antón

Pues regalalda y servilda.

Peribáñez

Hermano, dejadme estar.

Antón

Entrad, que si puerta os doy
es por lo que della sé.

Peribáñez

Como yo seguro esté,
suyo para siempre soy.

Antón

¿Dónde dejáis los soldados?

Peribáñez

Mi alférez con ellos va,
que yo no he traído acá
sino solo mis cuidados.
    Y no hizo la yegua poco
en traernos a los dos,
porque hay cuidado, por Dios,
que basta a volverme loco.

(Entran. Salga el Comendador, Luján con broqueles, y los músicos.)

Comendador

Aquí podéis comenzar
para que os ayude el viento.

Músico 2

Va de letra.

Comendador

¡Oh cuánto siento

esto que llaman templar!

(Los músicos cantan.)

«Cogíme a tu puerta el toro,
linda casada;
no dijiste: Dios te valga.
El novillo de tu boda
a tu puerta me cogió;
de la vuelta que me dio
se rió la villa toda;
y tú, grave y burladora,
linda casada,
no dijiste: Dios te valga.»

(Inés a la puerta.)

Inés   ¡Cese, señor don Fadrique!

Comendador   ¿Es Inés?

Inés   La misma soy.

Comendador   En pena a las once estoy.
                        Tu cuenta el perdón me aplique
                        para que salga de pena.

Inés   ¿Viene Leonardo?

Comendador   Asegura
                        a Peribáñez. Procura,
                        Inés, mi entrada, y ordena
                        que vea esa piedra hermosa,
                        que ya Leonardo vendrá.

Inés   ¿Tardará mucho?

Comendador   No hará,
pero fue cosa forzosa
asegurar un marido
tan malicioso.

Inés   Yo creo
que a estas horas el deseo
de que le vean vestido
de capitán en Toledo,
le tendrá cerca de allá.

Comendador   Durmiendo acaso estará.
¿Puedo entrar? Dime si puedo.

Inés   Entra, que te detenía
por si Leonardo llegaba.

Luján (Aparte.)   (Luján ha de entrar.)

Comendador   Acaba,
Lisardo. Adiós, hasta el día.

(Entran. Quedan los músicos.)

Músico 1   El cielo os dé buen suceso.

Músico 2   ¿Dónde iremos?

Músico 1   A acostar.

Músico 2   ¡Bella moza!

Músico 1   Eso... callar.

Músico 2   Que tengo envidia confieso.

(Vanse. Peribáñez solo en su casa.)

Peribáñez   Por las tapias de la huerta
                   de Antón en mi casa entré,
                   y deste portal hallé
                   la de mi corral abierta.
                   En el gallinero quise
                   estar oculto, mas hallo
                   que puede ser que algún gallo
                   mi cuidado los avise.
                   Con la luz de las esquinas
                   le quise ver y advertir,
                   y vile en medio dormir
                   de veinte o treinta gallinas.
                   Que duermas, dije, me espantas,
                   en tan dudosa fortuna;
                   no puedo yo guardar una,
                   y quieres tú guardar tantas.
                   No duermo yo, que sospecho
                   y me da mortal congoja
                   un gallo de cresta roja,
                   porque la tiene en el pecho.
                   Salí al fin y, cual ladrón
                   de casa, hasta aquí me entré.
                   Con las palomas topé,
                   que de amor ejemplo son;
                   y como las vi arrullar,
                   y con requiebros tan ricos
                   a los pechos por los picos

las almas comunicar,
dije: ¡Oh, maldígale Dios,
aunque grave y altanero,
al palomino extranjero
que os alborota a los dos!
Los gansos han despertado,
gruñe el lechón, y los bueyes
braman; que de honor las leyes
hasta el jumentillo atado
al pesebre con la soga
desasosiegan por mí,
que soy su dueño, y aquí
ven que ya el cordel me ahoga.
Gana me da de llorar.
Lástima tengo de verme
en tanto mal. Mas ¿si duerme
Casilda? Aquí siento hablar.
En esta saca de harina
me podré encubrir mejor,
que si es el Comendador,
lejos de aquí me imagina.

(Escóndese. Inés y Casilda.)

Casilda	Gente digo que he sentido.
Inés	Digo que te has engañado.
Casilda	Tú con un hombre has hablado.
Inés	¿Yo?
Casilda	Tú, pues.

Inés   Tú, ¿lo has oído?

Casilda   Pues si no hay malicia aquí,
                        mira que serán ladrones.

Inés   ¡Ladrones! Miedo me pones.

Casilda   Da voces.

Inés   Yo no.

Casilda   Yo sí.

Inés   Mira que es alborotar
                        la vecindad sin razón.

(Salen el Comendador y Luján.)

Comendador   Ya no puede mi afición
                        sufrir, temer ni callar.
                        Yo soy el Comendador,
                        yo soy tu señor.

Casilda   No tengo
                        señor más que a Pedro.

Comendador   Vengo
                        esclavo, aunque soy señor.
                        Duélete de mí, o diré
                        que te hallé con el lacayo
                        que miras.

Casilda   Temiendo el rayo,
                        del trueno no me espanté.

Pues, prima, ¡tú me has vendido!

Inés

Anda, que es locura agora,
siendo pobre labradora,
y un villano tu marido,
dejar morir de dolor
a un príncipe; que más va
en su vida, ya que está
en casa, que no en tu honor.
Peribáñez fue a Toledo.

Casilda

¡Oh prima cruel y fiera,
vuelta de prima, tercera!

Comendador

Dejadme, a ver lo que puedo.

Luján

Dejémoslos, que es mejor.
A solas se entenderán.

(Váyanse.)

Casilda

Mujer soy de un capitán,
si vos sois Comendador.
Y no os acerquéis a mí,
porque a bocados y a coces
os haré...

Comendador

Paso, y sin voces.

Peribáñez (Aparte.)

(¡Ay honra! ¿Qué aguardo aquí?
Mas soy pobre labrador
bien será llegar y hablalle
pero mejor es matalle.)
Perdonad, Comendador,

que la honra es encomienda
de mayor autoridad.

Comendador   ¡Jesús! ¡Muerto soy! ¡Piedad!

Peribáñez   No temas, querida prenda,
mas sígueme por aquí.

Casilda   No te hablo de turbada.

(Entran. Siéntase el Comendador en una silla.)

Comendador   Señor, tu sangre sagrada
se duela agora de mí,
pues me ha dejado la herida
pedir perdón a un vasallo.

(Sale Leonardo.)

Leonardo   Todo en confusión lo hallo.
¡Ah, Inés! ¿Estás escondida?
¡Inés!

Comendador   Voces oigo aquí.
¿Quien llama?

Leonardo   Yo soy, Inés.

Comendador   ¡Ay Leonardo! ¿No me ves?

Leonardo   ¿Mi señor?

Comendador   Leonardo, sí.

Leonardo   ¿Qué te ha dado? Que parece
                que muy desmayado estás.

Comendador   Dióme la muerte no más.
                Más el que ofende merece.

Leonardo   ¡Herido! ¿De quién?

Comendador   No quiero
                voces ni venganzas ya.
                Mi vida en peligro está,
                sola la del alma espero.
                No busques ni hagas extremos,
                pues me han muerto con razón.
                Llévame a dar confesión
                y las venganzas dejemos.
                A Peribáñez perdono.

Leonardo   ¿Que un villano te mató
                y que no lo vengo yo?
                Esto siento.

Comendador   Yo le abono.
                No es villano, es caballero;
                que pues le ceñí la espada
                con la guarnición dorada,
                no ha empleado mal su acero.

Leonardo   Vamos, llamaré a la puerta
                del Remedio.

Comendador   Solo es Dios.

(Vanse. Salen Luján, enharinado; Inés, Peribáñez, y Casilda.)

130

Peribáñez   Aquí moriréis los dos.

Inés   Ya estoy, sin heridas, muerta.

Luján   Desventurado Luján,
                 ¿dónde podrás esconderte?

Peribáñez   Ya no se excusa tu muerte.

Luján   ¿Por qué, señor capitán?

Peribáñez   Por fingido segador.

Inés   Y a mí, ¿por qué?

Peribáñez   Por traidora.

(Huya Luján, herido, y luego Inés.)

Luján   ¡Muerto soy!

Inés   ¡Prima y señora!

Casilda   No hay sangre donde hay honor.

Peribáñez   Cayeron en el portal.

Casilda   Muy justo ha sido el castigo.

Peribáñez   ¿No irás, Casilda, conmigo?

Casilda   Tuya soy al bien o al mal.

Peribáñez   A las ancas desa yegua
                 amanecerás conmigo
                 en Toledo.

Casilda   Y a pie, digo.

Peribáñez   Tierra en medio es buena tregua
                 en todo acontecimiento,
                 y no aguardar al rigor.

Casilda   Dios haya al Comendador.
                 Matóle su atrevimiento.

(Vanse. Salen el rey Enrique y el Condestable.)

Rey   Alégrame de ver con qué alegría
                 Castilla toda a la jornada viene.

Condestable   Aborrecen, señor, la monarquía
                 que en nuestra España el africano tiene.

Rey   Libre pienso dejar la Andalucía,
                 si el ejército nuestro se previene,
                 antes que el duro invierno con su hielo
                 cubra los campos y enternezca el suelo.
                 Iréis, Juan de Velasco, previniendo,
                 pues que la Vega da lugar bastante,
                 el alarde famoso que pretendo,
                 por que la fama del concurso espante
                 por ese Tajo aurífero, y subiendo
                 al muro por escalas de diamante,
                 mire de pabellones y de tiendas
                 otro Toledo por las verdes sendas.
                 Tiemble en Granada el atrevido moro

de las rojas banderas y pendones.
Convierta su alegría en triste lloro.

Condestable   Hoy me verás formar los escuadrones.

Rey   La Reina viene, su presencia adoro.
                       No ayuda mal en estas ocasiones.

(Salen la reina y acompañamiento.)

Reina   Si es de importancia, volveréme luego.

Rey   Cuando lo sea, que no os vais os ruego.
                       ¿Qué puedo yo tratar de paz, señora,
                       en que vos no podáis darme consejo?
                       Y si es de guerra lo que trato agora,
                       ¿cuándo con vos, mi bien, no me aconsejo?
                       ¿Cómo queda don Juan?

Reina   Por veros llora.

Rey   Guárdele Dios, que es un divino espejo
                       donde se ven agora retratados,
                       mejor que los presentes, los pasados.

Reina   El príncipe don Juan es hijo vuestro;
                       con esto solo encarecido queda.

Rey   Mas con decir que es vuestro, siendo nuestro,
                       él mismo dice la virtud que hereda.

Reina   Hágale el cielo en imitaros diestro,
                       que con esto no más que le conceda,
                       le ha dado todo el bien que le deseo.

Rey   De vuestro generoso amor lo creo.

Reina   Como tiene dos años, le quisiera
de edad que esta jornada acompañara
vuestras banderas.

Rey   ¡Ojalá pudiera,
y a ensalzar la de Cristo comenzara!

(Sale Gómez Manrique.)

Rey   ¿Qué caja es esa?

Gómez   Gente de la Vera
y Extremadura.

Condestable   De Guadalajara
y Atienza pasa gente.

Rey   ¿Y la de Ocaña?

Gómez   Quédase atrás por una triste hazaña.

Rey   ¿Cómo?

Gómez   Dice la gente que ha llegado
que a don Fadrique un labrador ha muerto.

Rey   ¿A don Fadrique y al mejor soldado
que trujo roja cruz?

Reina   ¿Cierto?

| Gómez | Y muy cierto. |

| Rey | En el alma, señora, me ha pesado.
¿Cómo fue tan notable desconcierto? |

| Gómez | Por celos. |

| Rey | ¿Fueron justos? |

| Gómez | Fueron locos. |

| Reina | Celos, señor, y cuerdos, habrá pocos. |

| Rey | ¿Está preso el villano? |

| Gómez | Huyóse luego
con su mujer. |

Rey   ¡Qué desvergüenza extraña!
¿Con estas nuevas a Toledo llego?
¿Así de mi justicia tiembla España?
Dad un pregón en la ciudad, os ruego,
Madrid, Segovia, Talavera, Ocaña.
que a quien los diere presos, o sean muertos,
tendrán de renta mil escudos ciertos.
Id luego y que ninguno los encubra
ni pueda dar sustento ni otra cosa,
so pena de la vida.

Gómez   Voy.

(Vase.)

Rey   ¡Que cubra

el cielo aquella mano rigurosa!

Reina   Confiad que tan presto se descubra,
cuanto llega la fama codiciosa
del oro prometido.

(Sale un paje.)

Paje   Aquí está Arceo,
acabado el guión.

Rey   Verle deseo.

(Sale un secretario con un pendón rojo, y en él las armas de Castilla con una
mano arriba que tiene una espada, y en la otra banda un Cristo crucificado.)

Secretario   Éste es, señor, el guión.

Rey   Mostrad. Paréceme bien,
que este capitán también
lo fue de mi redención.

Reina   ¿Qué dicen las letras?

Rey   Dicen:
Juzga tu causa, Señor.

Reina   Palabras son de temor.

Rey   Y es razón que atemoricen.

Reina   Desotra parte ¿qué está?

Rey   El castillo y el león,

y esta mano por blasón,
que va castigando ya.

Reina   ¿La letra?

Rey   Solo mi nombre.

Reina   ¿Cómo?

Rey   Enrique Justiciero,
que ya, en lugar del Tercero,
quiero que este nombre asombre.

(Sale Gómez.)

Gómez   Ya se van dando pregones,
con llanto de la ciudad.

Reina   Las piedras mueve a piedad.

Rey   ¡Basta que los azadones
a las cruces de Santiago
se igualan! ¿Cómo o por dónde?

Reina   ¡Triste dél si no se esconde!

Rey   Voto y juramento hago
de hacer en él un castigo
que ponga al mundo temor.

(Sale un paje.)

Paje   Aquí dice un labrador
que le importa hablar contigo.

(Sale Peribáñez, todo de labrador, con capa larga y su mujer.)

Rey	Señora, tomemos sillas.

Rey   Señora, tomemos sillas.

Condestable   Éste algún aviso es.

Peribáñez   Dame, gran señor, tus pies.

Rey   Habla, y no estés de rodillas.

Peribáñez   ¿Cómo, señor, puedo hablar,
si me ha faltado la habla
y turbados los sentidos
después que miré tu cara?
Pero, siéndome forzoso,
con la justa confianza
que tengo de tu justicia,
comienzo tales palabras.
Yo soy Peribáñez

Rey   ¿Quién?

Peribáñez   Peribáñez, el de Ocaña.

Rey   ¡Matalde, guardas, matalde!

Reina   No en mis ojos. Tenéos, guardas.

Rey   Tened respeto a la Reina.

Peribáñez   Pues ya que matarme mandas,
¿no me oirás siquiera, Enrique,
pues Justiciero te llaman?

Reina	Bien dice. Oílde, señor.

Rey	Bien decís; no me acordaba
	que las partes se han de oír,
	y más cuando son tan flacas.
	Prosigue.

Peribáñez	Yo soy un hombre,
	aunque de villana casta,
	limpio de sangre, y jamás
	de hebrea o mora manchada.
	Fui el mejor de mis iguales,
	y en cuantas cosas trataban
	me dieron primero voto,
	y truje seis años vara.
	Caséme con la que ves,
	también limpia, aunque villana,
	virtuosa, si la ha visto
	la envidia asida a la fama.
	El Comendador Fadrique,
	de vuesa villa de Ocaña,
	señor y Comendador,
	dio, como mozo, en amarla.
	Fingiendo que por servicios,
	honró mis humildes casas
	de unos reposteros, que eran
	cubiertos de tales cargas.
	Dióme un par de mulas buenas,
	mas no tan buenas que sacan
	este carro de mi honra
	de los lodos de mi infamia.
	Con esto intentó una noche,
	que ausente de Ocaña estaba,

forzar mi mujer, mas fuese
con la esperanza burlada.
Vine yo, súpelo todo,
y de las paredes bajas
quité las armas que al toro
pudieran servir de capa.
Advertí mejor su intento,
mas llamóme una mañana
y díjome que tenía
de Vuestras Altezas cartas
para que con gente alguna
le sirviese esta jornada.
En fin, de cien labradores
me dio la valiente escuadra.
Con nombre de capitán
salí con ellos de Ocaña;
y como vi que de noche
era mi deshonra clara,
en una yegua a las diez
de vuelta en mi casa estaba;
que oí decir a un hidalgo
que era bienaventuranza
tener en las ocasiones
dos yeguas buenas en casa.
Hallé mis puertas rompidas
y mi mujer destocada,
como corderilla simple
que está del lobo en las garras.
Dio voces, llegué, saqué
la misma daga y espada
que ceñí para servirte,
no para tan triste hazaña;
paséle el pecho, y entonces
dejó la cordera blanca,

porque yo, como pastor,
supe del lobo quitarla.
Vine a Toledo y hallé
que por mi cabeza daban
mil escudos, y así quise
que mi Casilda me traiga.
Hazle esta merced, señor,
que es quien agora la gana,
porque viuda de mí,
no pierda prenda tan alta.

Rey   ¿Qué os parece?

Reina   Que he llorado,
que es la respuesta que basta
para ver que no es delito,
sino valor.

Rey   ¡Cosa extraña!
¡Que un labrador tan humilde
estime tanto su fama!
¡Vive Dios que no es razón
matarle! Yo le hago gracia
de la vida. Mas ¿qué digo?
Esto justicia se llama.
Y a un hombre deste valor
le quiero en esta jornada
por capitán de la gente
misma que sacó de Ocaña.
Den a su mujer la renta,
y cúmplase mi palabra;
y después desta ocasión,
para la defensa y guarda
de su persona, le doy

licencia de traer armas
defensivas y ofensivas.

Peribáñez   Con razón todos te llaman
                   don Enrique el Justiciero.

Reina   A vos, labradora honrada,
                   os mando de mis vestidos
                   cuatro, por que andéis con galas,
                   siendo mujer de soldado.

Peribáñez   Senado, con esto acaba
                   la tragicomedia insigne
                   del Comendador de Ocaña.

                   Fin

Libros a la carta

A la carta es un servicio especializado para

empresas,

librerías,

bibliotecas,

editoriales

y centros de enseñanza;

y permite confeccionar libros que, por su formato y concepción, sirven a los propósitos más específicos de estas instituciones.

Las empresas nos encargan ediciones personalizadas para marketing editorial o para regalos institucionales. Y los interesados solicitan, a título personal, ediciones antiguas, o no disponibles en el mercado; y las acompañan con notas y comentarios críticos.

Las ediciones tienen como apoyo un libro de estilo con todo tipo de referencias sobre los criterios de tratamiento tipográfico aplicados a nuestros libros que puede ser consultado en Linkgua-ediciones.com.

Linkgua edita por encargo diferentes versiones de una misma obra con distintos tratamientos ortotipográficos (actualizaciones de carácter divulgativo de un clásico, o versiones estrictamente fieles a la edición original de referencia).

Este servicio de ediciones a la carta le permitirá, si usted se dedica a la enseñanza, tener una forma de hacer pública su interpretación de un texto y, sobre una versión digitalizada «base», usted podrá introducir interpretaciones del texto fuente. Es un tópico que los profesores denuncien en clase los desmanes de una edición, o vayan comentando errores de interpretación de un texto y esta es una solución útil a esa necesidad del mundo académico.

Asimismo publicamos de manera sistemática, en un mismo catálogo, tesis doctorales y actas de congresos académicos, que son distribuidas a través de nuestra Web.

El servicio de «libros a la carta» funciona de dos formas.

1. Tenemos un fondo de libros digitalizados que usted puede personalizar en tiradas de al menos cinco ejemplares. Estas personalizaciones pueden ser de todo tipo: añadir notas de clase para uso de un grupo de estudiantes, introducir logos corporativos para uso con fines de marketing empresarial, etc. etc.

2. Buscamos libros descatalogados de otras editoriales y los reeditamos en tiradas cortas a petición de un cliente.